U0024875

老玩童闖印度

香港亨達集團創辦人及名譽主席
鄧予立／著

強烈又迷人色彩的印度

印度是一個值得旅遊的國家，很高興鄧予立主席出版了這本印度遊記。

我是在擔任駐瑞士代表期間（二〇〇八至二〇一二）與鄧予立主席相識。那時主席常因業務拓展的關係到瑞士訪問，幾次的會面都可以感受到鄧主席見多識廣的器度。他對不同領域的知識都有極大的興趣。二〇一二年我轉任駐新加坡代表後，鄧主席仍會於訪問新加坡之際與我相約歡敘。同樣地，在談話間，我不斷地從他身上學到不少新的東西，也知道他是喜歡旅行的人。他的見識因不斷地隨著他到世界各地探訪而更加豐富，並且成為與朋友分享的寶藏，甚至出書與廣大的讀者們分享。我當然也是他大作的愛讀者之一，更曾建議他應該也將印度列為他未來的探訪國家，因為我曾去過那國家，我很肯定鄧主席會被這個國家的一切所吸引，也很肯定鄧主席可以比我有更寬廣的角度與慧眼去瞭解這個國家，並且將他的體驗與大家分享。沒想到鄧主席劍及履及，不久即數度訪問了印度。

印度是一文明古國。在過去數千年的歷史中，不管經歷了多少春秋歲月的刻劃或滋潤，她都一直保持著既有的文明成果，也能與時俱進，在傳統的社會中呈現接受現代文明的思潮與生活方式，而她的接受方式是如此的獨特，不管西方文明是怎樣地被介紹到這個國家，她的傳統元素仍會在各層面中被各個不同的種族、不同政治或宗教信仰的人，甚至不同的種姓頑固地保存著，而如同印度在歡慶色彩節（Holi）或新年排燈節（Diwali）塗抹潑灑的彩粉，這個國家的文化色彩是那麼樣地強烈又迷人。到訪這個國家，也會像歡度這彩色節慶所感染到的氣氛，人們會將他們心中不同的歡悅色彩往你身上潑灑，那是一種歡迎、祝福，同時也在向你宣告她文化的多彩多姿。鄧主席即在他的書中形容印度為禮儀之邦也是一人種、語言與宗教的博物館。

鄧主席的印度深入旅行多有饒富趣味且發人深省的體會，他的印度之旅是從應邀參加友人姪女的婚禮開始，而印度的婚禮正是我們觀察印度繁雜禮儀的絕佳起點，包括了向長者施禮的方式、點畫吉祥痣（Tilak）的意義、進食乃至飲水的習慣等。我們可以從這些有趣的報導中瞭解到印度人對人際關係的看法，是未來我們前往印度旅行或與印度人交往的寶貴參考資訊。

鄧主席在書中帶領我們遊歷了許多的印度文化古城，其中有我們所熟悉的世界級名勝，如泰姬瑪哈陵、佛陀講道的聖跡等，也有我們並不是那麼熟悉的地方，如Aurangabad的Ajanta及Ellora洞穴等。鄧主席皆能以極細膩的觀察力及幽默的方式在他的書中向我們介紹，讓讀者足不出戶即可身歷其境。鄧主席也能以富有哲理的角度向我們分享他對某些景物的看法，他在恆河看到了印度人如何面對及處理生死問題。中國人認為死生亦大矣，而印度人則認為生命有靈魂、輪迴，這樣的觀念透過恆河引導靈魂走向天堂之路而讓我們對印度的人生觀有更深的認識。只是鄧主席亦感嘆他看到一些在恆河進行的儀式已然淪為演秀了。他也以很幽默的文字描述了訪印度有名的色城卡修拉荷，文字間多少也讓我們瞭解印度人不見得是僅以世俗的色情角度去看待性事之事，它可是宇宙萬物創始繁殖的大事哪。

印度現已是世界第七大經濟體（以美元計價的GDP計算），鄧主席身為企業家當然也關切印度的經濟產業發展。他曾訪問了印度的電腦城海德拉巴，認為印度發展迅速，與他多年前所訪問的印度有相當的不同，現已具有相當大的經濟發展潛力。

范仲淹在《岳陽樓記》裡描述騷人墨客登樓觀景會隨著心境的不同而有不同的感受，但仁者觀物之情則常有超凡的心胸。鄧主席為人寬厚，他的許多遊記都常有異於一般人的精妙感想。他也因有寬廣的眼界與知識，以及喜追根究底的研究精神，常有極精闢的見解和他的讀友分享，並且喜作有趣的驗證，例如他遊恆河時就會想到馬克吐溫說過：「看恆河日出，不願與其他風景交換。」他遊歷恆河的感想顯然也驗證了這句話的真情。

謝發達

前經濟部次長、前經建會副主委
前駐瑞士、新加坡代表（大使）

向流動的河水扣問生命

受邀為鄧先生第十本博文集《老玩童闖印度》寫序，深感榮幸，亦覺慚愧。鄧先生博學多聞，走過世界一百二十六個國家，筆耕寒暑。為鄧先生這本關於印度的書寫序，無疑使我最先讀到鄧先生在印度的奇特經歷，更可以使我有機會第一時間向他老人家學習旅行中的經驗和智慧，實是非常榮幸。

在過去的十來年，我曾經前往印度二十多次，多數情況下也是像鄧先生一樣，孤身一人。但鄧先生去過的許多地方，我其實只有聽聞，卻沒有機會親往，好生慚愧。但通過鄧先生書中生動無比的描述，使我覺得自己彷如再次置身那熟悉的國度，再次行走在那片熟悉的土地上，並再次聽到那親切、熟悉的語言和口音。

印度是個多民族、多文化的國家，歷史悠久，可看可寫之處，緊不勝數。是否可以在短時間內捕捉到所到之地的精華，端看每位行者遊人自己的內在功夫。鄧先生關於恆河的描述，有一句話讓我難忘。他說「（在這裡）生與死，只有百步之遙。」我去過恆河，那是我，少有的，像個遊客參訪過的地方，也正是在這樣一個地方，我卻曾像一個求道者那般，向天，向地，向那流動的河水扣問生命。

我是佛教徒，一再遠赴印度，許多時是為了參學佛法。我明白，朝聖佛陀的聖地，對瞭解佛法有很直接的助益，十分重要。書中，鄧先生對佛陀聖地鹿野苑的介紹令我感觸良多，感恩能夠有幸讀到鄧先生的這段文字。

閱讀鄧先生這本書，除了享受他老人家分享的大量信息，更在他書中學到寶貴的旅行經驗和智慧。其中，鄧先生一個旅行智慧我很認同，就是我們在參觀時，怎樣以一個良好的心態欣賞他人的文化和歷史成就。慈悲、寬容、平等地去看待他人、他國、他族的文化歷史和生命經歷，其實是對自己的文化和歷史有自信的表現。

懂得旅行的人都喜歡探討旅行的意義。是啊！我們花那麼多錢，那麼多時間，跑到一個陌生之地，僅是為了一瞥山河錯綜的野色，和一看天水相連的仙境嗎？我想，當我們走多了、看多了、悟多了，我們終會從顛沛的旅途，難忘的美景和與當地友人的互動中，凝煉出可以活潑心思、拓闊視野，甚至寬平我心的正面能量。

和鄧先生接觸，總因他老人家寬廣的胸襟和謙卑好學的精神所感動。我相信那是來自讀書、閱人和遊歷諸國凝煉出來的精神品質。

感謝鄧先生把這樣一本有意義的書獻給我們。

水敏

德國雷根斯堡大學經濟學博士

同遊，彷如親臨

鄧予立先生是一位我十分敬重的前輩。眾所周知，鄧兄是香港的「外匯教父」，現在又是酷愛旅遊和攝影的專家，經常周遊列國，實在是羨煞旁人。

收到鄧兄的邀請，為他的第十本博文集寫序，感到受寵若驚。應允為他的博文集寫序其實是想先睹為快，而且印度是我嚮往而又暫時未能啟程前往的國度。

鄧兄的遊記引人入勝，特別是他在博文中對當地文化的歷史背景的描述，更是一堂充實的歷史課，知識性十分強。有幸能拜讀鄧兄的著作，感覺就像跟隨他一同踏上旅途，感覺就如親臨其境，感受到他的旅遊體驗。

伍煥杰

香港培僑中學校長

二〇一七年十一月三十日

「予」別不同印度遊

一切從一場盛宴開始。

鄧予立先生周遊百國，不少遠在天邊的「山旮旯」小國都留下過足跡，偏偏四大文明古國之一的印度卻勾不起他的遊興。一次閒談問起鄧翁，他也說不出其所以然，可能就是緣分未到吧。

二〇一三年，也是緣分把鄧翁拉到印度去，與他結緣的是一位朋友，而在當地結緣以至結縭的是一對年輕男女。這場婚宴，開展了鄧翁「予」別不同的印度旅程。

印度教三主神之一的創造之神梵天，形象為四頭、四面和四手。我常常從社交媒體上追看鄧予立先生的遊蹤，看到他周遊列國，而且都是深度遊，一年三百天都在途上，真有點懷疑鄧翁是否都有四面四手，馬不停蹄之餘還勤寫遊記，里數與字數一起累升。

我去過印度一次，老實說是典型旅行團式到此一遊。我們在導遊告誡下街邊小食不敢碰，買紀念品也是安坐旅遊巴上等導遊請小販到車旁販售，離開景點便上車，吃飯就回酒店，回想起來也夠「離地」的。

鄧翁的印度遊可與我的旅行團體驗大大不同，見他跑到貧民窟，走進原始的露天千人洗衣場，甚至和當地工人一起「示威遊行」，又有一次沒聽勸告在黃昏時分離開酒店跑到恆河邊觀看遺體火化，差點要導遊出動尋人，絕對落地又道地，也貫徹他頑皮愛玩的性格。

二〇一五年，我有幸邀請到鄧翁到香港電台《管理新思維》節目，以「外匯教父的創業之旅」為題，聽他分享在創業、業務拓展、企業傳承，甚至個人足跡等方面所闖出的精彩旅程。聽君一席話，勝讀十年書。如他所言，人生是一個旅程，也是一場盛宴，鄧翁的千里之行較諸一眾旅者更顯恢宏不凡。在旅途上他敢攀峻嶺，有一覽眾山小的氣概；他參加盛宴則熱情投入，廣交天下摯友。所以讀鄧翁的遊記，除了風光描畫，更可領會他的人文理想、豪情壯志和豁達態度。

江山如畫，一時多少豪傑，千古人物為風景賦予歷史意義，同途旅人則令旅程更豐富。鄧翁喜歡獨自出遊，但旅途中往往遇見很多有趣的人，種種人和事不但是經歷的一部分，碰到志同道合者甚至結交成為朋友，網上組成多個朋友圈，貫徹他交遊廣闊的作風。

鄧翁視旅途為一場場奇幻宴會，我們就跟隨鄧翁的筆鋒一起參加印度的盛宴吧。

李靜宜

雋陸公關有限公司董事

香港電台《管理新思維》主持

Mr Tang Yu Lap is an energetic Individual full of life and interested in all aspects and cultures of people and Countries.

This book came about because we were invited to a friend's niece's wedding in Jaipur in 2013, Mr Tang's first trip to India and he totally immersed himself into the cultures and nuances of a very traditional Indian wedding with 3000 guests.

We experienced applying henna and dressing up in traditional Indian wedding outfits. Mr Tang attended all the function, religious and cultural including dancing with the bride's family on Bollywood songs!

Amongst all the rush, noise, constant horn hooting, dust and slums, Mr Tang got the bug of the charms of India, and totally immersed himself into the country, visiting 2 more times and travelling the length and breadth of this vast country. These trips included visiting 16 cities and going to places that probably most Indians have not gone to, like the slums of Mumbai!

He experienced immense heat, heavy rains and monsoons but his spirit was never dampened as his mission was to understand the culture and write a book about his trip and experiences.

I would highly recommend all the readers to read the book with interest and enjoy the spectacular photos, it will give you a great insight into the diversity, culture and differences that exist in India.

Nurmohamed Bashir,

Chief Executive Officer of Hantec Markets Limited

中譯

我認識的鄧予立先生總是活力旺盛、朝氣蓬勃，熱衷探索不同國家民族的文化。

本書源自於二〇一三年我們一同受邀前往齋浦爾參加朋友姪女的婚禮，那是鄧先生首次的印度旅程，他完全沉醉在這場多達三千賓客的印度傳統婚禮文化習俗之中。

我們不但體驗了指甲花彩繪、穿著傳統印度婚禮服裝，鄧先生更樂於參與所有宗教和文化上的活動，甚至與新娘親友們隨著寶萊塢歌曲盡情起舞，全情投入其中！

縱然印度的街道人車橫衝直撞、喧鬧不已、車輛喇叭聲此起彼落、四處塵土飛揚、陋巷蓬室，鄧先生卻能從中發掘出她的魅力所在，並全然融入這個國家。爾後他又兩度拜訪印度，漫遊在這遼闊的國家，參觀過十六座城市，深入探訪或許大多數印度人都沒去過的地方，像是孟買的貧民窟！

他在印度遭遇過驕陽似火、風雨如磐、霪雨霏霏等極端天氣，卻從未被打擊遊興，只想深刻了解當地文化，並將旅程和點滴見聞記錄成書。

在此鄭重推薦所有讀者閱讀本書以及書中的精彩照片，會使您對於印度的多元、文化和差異性有更加深刻的了解。

Nurmohamed Bashir

CEO of Hantec Markets Limited

目錄 Contents

莫臥兒帝國 留給世人無價的寶藏

西北大漠中的美麗城市

天堂與地獄之間

宗教遺址朝聖

德里、孟買，印度人最多

兩個有意思的行程

中印與南印風情

印度簡介

印度全稱是印度共和國（The Republic of India），地形就像一個倒立的三角形，位於南亞次大陸上，面積共有兩百九十八萬平方公里，是世界第七大國家，與中國、尼泊爾、不丹、孟加拉、緬甸和巴基斯坦為鄰。

她三面環海，東西兩面分別是孟加拉灣和阿拉伯海，南面隔著印度洋，與斯里蘭卡和馬爾代夫兩島國相鄰。地理上，崇高險峻的喜瑪拉雅山在國境之北，形成一道難以逾越的天然屏障，把印度與其他亞洲北面鄰國隔離開來，只留下了西北部的興都庫什山脈（Hindu Kush），和東北部那加丘陵（Naga Hills）的一個通途山口，聯繫起中東、中亞和歐亞大陸腹地，使之成為通往歐亞大陸的重要國家。

印度是全球人口第二多的國家，據估計，截至二〇一六年，已有十三億多，與中國的差距越來越小。根據聯合國的預測，到二〇二四年，她將躍升為全球人口第一大國家。

中國
巴基斯坦
德里
尼泊爾
齋浦爾
阿格拉
不丹
久德浦爾
焦特浦爾
鹿野苑
瓦拉納西
烏代浦爾
卡修拉荷
孟加拉
緬甸
阿旃陀石窟
埃洛拉石窟
孟買
奧蘭加巴德
浦那
海德拉巴
阿拉伯灣
孟加拉灣
果亞
清奈
瑪哈巴利普蘭
科欽
特拉凡德倫

INDIA

奢華婚禮背後的祝福

不管富有或貧窮、身分地位高低，印度人都要將婚禮辦得風光體面，窮人不會理會家庭經濟狀況，有的向外舉債，就是窮也不能窮婚禮。富人更借此機會顯示身分實力。婚禮的花費通常全部由女方所承擔，再加上非常豐厚的嫁妝和彩禮，難怪聽人說，如果家裡有幾位「千金」，就非得破產不可……

我和印度有個約會

我從十多年前開始愛上旅遊，截至目前為止，已有一百二十六個國家和地區都曾經留下我的足跡。不過直到二〇一三年之前，有個與中國毗鄰的國家居然一直未曾列入我的旅遊計畫中，我也從沒產生過一遊當地的衝動。

這個國家，就是印度。

二〇一三年一月，我突然接到來自印度友人的邀請，在四月底前往印度北部的齋浦爾（Jaipur）參加他姪女的婚禮。我二話不說，馬上答應依時赴約，我的印度之旅，也在這樣的因緣際會下展開。

印度這個國家對我而言，既熟悉又陌生。

她與中國、古埃及、巴比倫被稱為「世界四大文明古國」，有著非常悠久深遠的歷史文化。二十一世紀的今日，印度不僅沒有被淹沒在歷史的洪流中，持續十年的經濟加速增長，她早已是「金磚五國」的成員，發展潛力不容世界忽視。經濟學家更大膽預測，待二〇五〇年，她將會成為世界第四大經濟體，僅次於美、中、日。她幅員廣闊，是世界第七大國家，擁有逾十三億人口，位

友人發來邀請函，邀請我參加他姪女的婚禮

Dear Mr. Tang Yu Lap,

Greetings from Mr. Arun Panchariya.

We are honored to request your benign presence at the wedding of my niece Ms. Nikita Panchariya WITH Mr. Aditya Sharma on 29th day of April, 2013 (Monday) as well as the pre-wedding Musical Night Function on 28th April 2013 (Sunday) at Jaipur city, State of Rajasthan in India.

We will be pleased to have your presence on this auspicious occasion and to have your blessings and best wishes for the couple beginning the new era of their life.

This is very advance intimation to you so you can book your calendar for this occasion and can complete the necessary travel arrangements.

Warm Regards, Gunjan Goel

For & On behalf of
Mr. Arun Panchariya

Invitation

居世界第二位。不僅多民族、多方言，有著繁多宗教儀式和節日，還殘留著封建的種姓階級，貧富差異極大。但她卻也有負面的消息，當地或旅遊的外國女子在境內被強暴、搶掠的新聞層出不窮，又使她的形象大打折扣。

究竟印度是一個怎樣的國家？若非親歷其境，恐怕無法領略到她豐富的文化和迷人的風貌。

在我的原訂計畫內，印度之旅只是出席一場婚禮，最多順道遊一下齋浦爾，就告結束了。然而看過臺灣旅行社的陳總為我搜羅關於印度的資料後，卻生起深入探索的興趣，於是印度行程一改再改，由最初的三、四天延長到十七天，這可破了我的旅遊紀錄，我第一次花這樣長的時間在某個國家進行深度旅遊呢！爾後在一四年、一六年我又三番兩次安排印度旅遊的行程。

旅途中，世界七大奇跡的「泰姬陵」（泰姬瑪哈陵）、鐵金剛007（詹姆士龐德系列電影）的湖上皇宮夢想世界、浪漫的「藍色之城」、恆河畔焚燒屍首的火光、印度婚禮的華麗歡騰和貧民窟的殘破傾頹……帶給我一波接著一波的衝擊，我彷彿在天堂、人間和地獄走了一遭。不僅如此，多宗不可思議的遭遇，甚至一度進出醫院大門，這在我逾千遍的出遊經歷中，更是前所未有的。

在印度的所見所聞是那麼奇妙、那麼精彩、那麼引人入勝，那麼令人眼花撩亂、驚嘆連連。且待我盡可能把這些行程中的點點滴滴從記憶深處拾回來，與大家一同分享這特別的際遇！

一新耳目的英迪拉・甘地國際機場

我的計畫是取道巴黎直飛德里，再轉乘內陸班機前往齋浦爾。不知是否注定此行的多姿多彩和曲折性，在法國戴高樂機場時，居然碰上疑似「炸彈」事件，離境大堂發現一個未被認領的行李，當時立刻遭到軍警戒嚴關閉，擾攘一個多小時，才重新放行，差一點耽誤了我登機的時間。

在倫敦時，印度裔的同事Bashir曾勸我別搭乘印航到印度去，最好改乘別家航空公司的班機，因為印航的紀錄不良，經常誤點，因此我原本打算搭乘法航，不料航班時間配合不上，別無選擇下，最後還是選擇了印航。

這是我首次搭乘印航，機艙內充斥濃郁的香熏味，把人熏得昏昏欲睡，途中供應的印式晚餐和早餐都是辛辣口味，不過這些因素都未影響我在機上熟睡的習慣，一覺醒來時，飛機已抵達印度首都德里的英迪拉・甘地國際機場（Indira Gandhi International Airport）了。

公司同事Richard多年前曾在德里機場等候轉飛往哈薩克斯坦的最大城阿拉木圖，記得他回來後跟我大吐苦水，表示從此不會再經德里轉機，原因是機場各色人種混雜，到處都是候機乘客，不少還橫七豎八地直接躺在地上，非常嘈雜凌亂。

左：英迪拉．甘地國際機場明亮又井然有序的入境大廳，令人耳目一新

右：煥然一新的機場內具有印度特色的手印裝飾牆

他的這番經驗，讓我有了心理準備，已經預想會遇上同樣或更糟的情形。哪知經過二〇一〇年十月的英聯邦運動會（或譯為大英國協運動會），很多城市在規劃之後完全變了模樣。我下機後首先經過光線充足、秩序良好的入境大堂，再進入內陸機場候機室，候機室內整潔、安靜，並沒有人來人往和雜亂的感覺，令人耳目一新。

不僅如此，在此次印度之行中，我經歷多個大小城市的內陸機場，例如大城市孟買，或有些偏遠的奧蘭加巴德機場，無不是井然有序、環境舒服，跟得上國際水準。幾年時間讓印度境內的機場紛紛來個大變身，不僅提升了形象，也使得本來帶著一點緊張不安情緒的我，放下了心頭大石。

日常社交禮儀

印度人跟我們中國人一樣，非常講究社交禮儀，而且相對我們更有過之而無不及，的確稱得上是「禮儀之邦」。

準備動身去齋浦爾前，我在倫敦時向原籍印度的同事Bashir請教日常的社交禮儀，以免在當地鬧出笑話。原本以為只有幾個重點要留意，一問之下才知道非常複雜、繁瑣，一點都馬虎不得。

Namaste，您好

Bashir先讓我學會說「那摩斯戴（Namaste）」，意思是「您好」，是印度人日常見面的問候語，我一連十多天不停地使用，發音也變得標準多了。

這句問候語算是最簡單的了，除此之外，和朋友打招呼時一般可以將雙手合十於胸前，或者舉起右手，切忌舉起左手，因為他們認為右手是潔淨的，左手是骯髒的。雙手合十的方式還有長幼之分，對長輩要高放，放在額前；對平輩就平放；對晚輩則放得更低，以示尊敬、對等和關懷的分別。

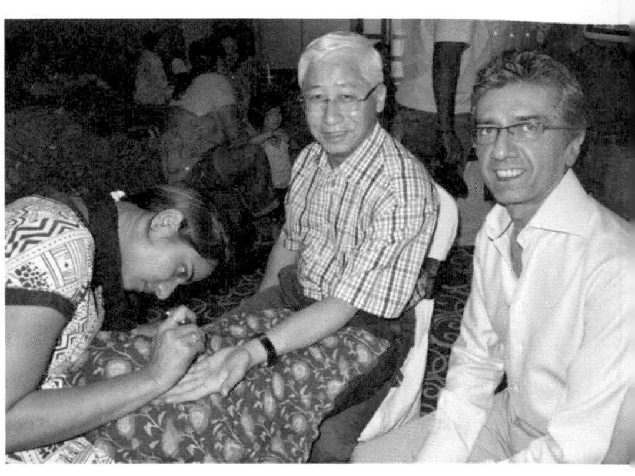

左：清奈的酒店服務員替我點上提拉克以示歡迎

右：彩繪師在我手上塗繪簡單的花紋圖案，我左手邊是印度籍同事Bashir

最令我不習慣的是對特別尊敬的長輩，還有摸足、吻足的禮數。聽Bashir講，現在這種摸足、吻足的習慣已有所簡化，就是先蹲屈身體，用手觸摸長輩的腳，然後再用手摸一下自己的前額，這樣就算是施過禮了，不然要伏下身體，觸摸一雙沾滿灰塵和散發異味的腳，實在是太強人所難了。

還有一點，是Bashir一再叮囑的，遇到女士，若對方不主動伸出手，千萬不要跟女士握手，只需要雙手合十或點頭示意就可以，尤其在婚禮上，切記不可用西方的禮儀與新娘握手或擁抱，就算與新郎握手，也只可使用右手。

點上Tilak，表示對客人的祝福

印度人對客人非常熱情，客人到訪時會獻上花環迎接，花環上的花串越大，表示客人的身分尊貴。有時還會在客人前額兩眉中間，用硃砂點上一個圓點，表示對客人的祝福，這種「吉祥痣」叫做「提拉克（tilak）」。提拉

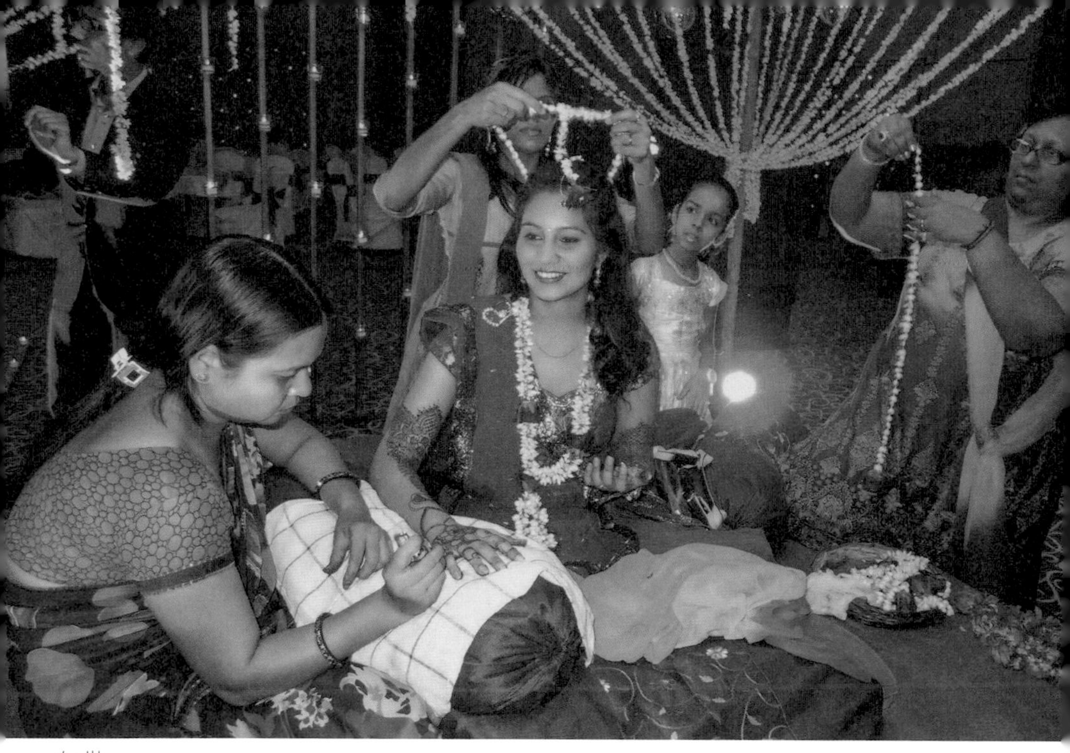

裝扮中的新娘，帶著燦爛的幸福笑容，彩繪師在她的手上繪製繁複美麗的花紋

克的樣式有很多種，大小也不同，有時是一個點，有時則為花紋或其他圖案；除了祝福之意，另外也有宗教方面的涵義。另外還有一種叫「繽滴（bindi）」，以往只有已婚婦女才可點或貼在眉心，不過現在因為看起來美觀，就連未婚女性也可以點上，當作裝飾之用。

除此之外，我參加第一個晚上的婚宴活動中，主人家還特地請來女彩繪師，為我們這些遠道而來的客人作手繪（Mehndi）。她使用一種叫指甲花（Henna）的植物，混合丁香油、檸檬、咖啡、紅茶、砂糖、香料等材料，製成深褐色的糊狀顏料，放進圓錐形的筆形袋中，在手臂或腿上描繪圖案。這種彩繪不僅是單純的美感而已，還帶有祝福和辟邪的涵義。在主人家的盛情邀請下，我和Bashir都不例外，讓彩繪師在手上塗繪簡單的花紋圖案。

彩繪師僅僅用上幾分鐘時間，就迅速在我手上繪好兩朵美麗的花形圖案，等到糊狀表層風乾，顏料漸漸滲入皮膚後，再用水沖洗掉，手上會留下淺褐色的圖案，一直保持十多天。等到我這趟行程即將結束時，美麗的「印花」才告消失。只可惜沒有機會將手上的圖案帶回香港，讓親友同事們一起欣賞彩繪師的傑作。

「搖頭」表示同意和致意

還有一點不講不知，一般「點頭」是代表同意或向對方致意，但對印度人來說，「搖頭」才是表示同意和致意。其實嚴格說來，這是一種頭部左右晃動的動作，和我們表示否定的搖頭不太一樣，卻經常讓人搞混，引來「搖頭」的誤會呢！

繁複的印度婚禮

我來到齋浦爾的第一樁事，就是參加印度友人Arun姪女的婚禮。婚禮活動頻繁，一連持續四天。我到時已是活動的第二天，主人家熱情接待我們來自各地的賓客入住豪華宮殿式的Fairmont Hotel。

我早就聽聞印度式婚禮相當奢華、講究，場面熱鬧，猶如一場盛大的派對。這次親臨現場，目睹印度習俗與傳統的婚禮，真是眼界大開，畢生難忘！

印度人視結婚人生大事如宗教神聖活動，因此根據不同的宗教、民族和地區，各施各法，都有很繁瑣的儀式，不過結婚的過程基本上都要經歷說媒、訂婚、結婚三部曲，然後才踏入結婚的儀式。

新娘子坐在紅色的帳篷中，接受來自新娘家庭成員的祝福

左：派對逾千人參加，花園的自助餐檯川流不息
右：著印度傳統禮服，圍上名為dupatta的白色圍巾，和新人合影留念

窮也不能窮婚禮

印度人對結婚的重視程度，不管你富有或貧窮、身分地位高低，都要將婚禮辦得風光體面，窮人不會理會家庭經濟狀況，有的向外舉債，就是窮也不能窮婚禮，不能讓婚禮冷清寒酸。而富人就更會借此機會顯示身分實力。二〇〇四年印度鋼鐵大王拉克希米·米塔爾（Lakshmi Mattel）為女兒辦了一場「世紀婚禮」，豪擲八千多萬美元，女兒全身珠光寶氣不在話下，最令人瞠目的是包下了六架波音飛機，從印度接送賓客到巴黎赴宴，奢華程度一時無兩。

Arun姪女這三天的婚禮活動既奢華又講究，我如同參加了幾次大小不同的慶祝派對一樣，每晚都浸淫在歡樂氣氛中。我加入的第一個晚上，是新娘家庭成員的祝福晚會，足足有百餘人出席。只見美麗年輕的少女擺動著腰肢，伴著輕快音樂，為紅色帳蓬中的新娘跳起舞，唱著歌。新娘子坐在帳蓬中，任由女性手

左：新郎一身「王子」裝扮，騎著白馬，領著迎娶隊伍，浩浩蕩蕩來到新娘的待嫁現場
中：新娘坐在八人抬的花轎上，前後都有穿著華美紗麗的少女簇擁著
右：白天宴會尚未開始前的表演活動

繪師在手、腳上塗繪美麗的紋樣。接下來則是素菜的晚宴。

第二個晚上，活動移到酒店的花園舉行。現場架設了一個大型的舞台，讓一雙新人首次見面行禮，並接受親友的祝福，親友們也到台上為新人表演歌舞。這夜的派對逾千人參加，主客均要穿著傳統服飾，盛裝出席。我也入鄉隨俗，穿上印度式的棗紅色長袖及膝禮服和白褲，並圍上叫做dupatta的白色圍巾。Bashir見了稱讚我這身打扮很道地，一副印度紳士的風範。

騎白馬、坐花轎

婚禮的最後一夜，場面更加盛大，男女雙方的親友及賓客皆出席，整場人數逾五千人，場地也比前一夜大上兩倍之多，偌大的花園草坪處處張燈結綵、鑼鼓喧天。

入口處搭了一座色彩繽紛的大帳蓬，是準備作為婚禮結束後，一對新人和雙方家庭成員的宴會場地。

我見到新郎一身「王子」裝扮，騎著白馬，領著迎娶隊伍，浩浩蕩蕩來到新娘的待嫁現場。新娘坐在八人抬的花轎上，前後都有穿著華美紗麗的少女簇擁著。在一片鞭炮和煙花聲中，新人緩緩踏上舞台，在祭司和雙方親人的見證下行禮，然後讓台下的親友列隊上台向新人祝福。

經過連續幾天的「折騰」，這對新人臉上帶有無法掩飾的疲憊神情，只能掛上勉強應付的笑容。Bashir告訴我，按祭司的吉時，新人倆還得撐到清晨五點，若體力不繼，撐不到最後一刻，可就大事不妙了！

婚禮儀式

Arun是印度教徒，所以儀式離不開敬神、祈禱和唱

左：婚禮宴會場地，紅色的大帳篷，在燈光下閃著喜慶的色彩
中：舞台上擺放印度神祇黑天和伴侶拉達的娃娃，以及神牛
右：新人坐在台上，接受眾人的祝福

宗教歌曲。印度教婚禮儀式複雜，以下介紹的是其中幾個重要的部分，不過因為印度幅員廣大，加上各地區的做法習俗也或有不同，所以並非放諸四海皆準的。

- 耿雅丹：由新娘的父親把新娘交給新郎的一種儀式，有時候會由祭司來主持。
- 巴里格拉合納：接在耿雅丹之後一種握手的儀式，新娘的父親把女兒的手放到新郎手裡，新娘的兄弟姐妹會將兩人的衣角綁在一起，有互不分離、相親相愛的意思。
- 拉吉豪姆：對火神的祝願儀式，祝願新娘早生貴子、子女平安長大、雙方家庭生活幸福富裕。
- 阿格尼・薄里耶納：一雙新人繞著火轉圈，願火神保佑兒孫滿堂，長命百歲。
- 阿希馬勞合郎：新娘的兄長將她的一隻腳放在一塊石頭上，並由一雙新人向火神許願，願他倆情如石堅。

左：在齋浦爾下榻的酒店Fairmont hotel
右：供給遊客騎乘的馬匹

・薩泊達薄迪：這也是一種新人圍火繞圈的儀式，總共得繞著火七次，每轉一圈，還得說出一句誓言。

基本上完成這幾項儀式後，整個結婚才告結束，不過後續還有娘家歡送新娘、婆家歡迎，以及拜神等儀式。由於儀式繁多，我只好請Bashir複述一遍，並且仔細記錄下來，以免遺漏。

傾家蕩產嫁女兒

他還告訴我，婚禮的花費通常全部由女方所承擔，再加上非常豐厚的嫁妝和彩禮，難怪聽人說，如果家裡有幾位「千金」，就非得破產不可。只是一般印度人的習慣是家族子女的婚禮，長輩都會出錢，但這場婚禮卻是由Arun為姪女所辦，原因無他，這是做弟弟、後輩對兄長的尊敬。

我聽說這場婚禮粗略估計大約要耗上兩百萬美元，不禁暗自咋舌，慶幸自己不是印度人，不然女兒出嫁豈不要傾家蕩產?!

另外一提，這幾天婚宴上的菜色，全都是印式素食，而且非常辛辣，到最後我的胃都有些受不了，兩天後還要勞醫生大駕，到酒店為我配藥。

講究門當戶對的種姓制度

一場熱鬧豪華的婚禮過後，我和Bashir夫婦一同返回酒店。途中，我們仍然受到這一夜歡樂的氣氛所感染，閒談之間，不免聊起印度人婚禮的種種習俗禮教和觀念。

相較於印度人的婚姻大事表面展現出的喜慶洋溢，背後可一點都不浪漫和輕鬆，除了必備的彩禮嫁妝外，還得面對和固守千多年前留傳下來繁瑣的封建傳統觀念和習俗。

男女自由戀愛在許多國家、社會中，是理所當然之事，但在現代印度，尤其是農村地區，適婚年齡的年輕人依舊將婚姻大事交由父母之命、媒妁之言，除了核對「生辰八字」，還要通過「門當戶對」這一關，雙方的家庭背景、宗教信仰等固然重要，更要嚴格遵守「種姓」階級之分。

自三千多年前開始留存至今的種姓制度（Caste）是一種世襲的階級觀念，源於印度教前身婆羅門教經典《梨俱吠陀》（Rig Veda）中的一首讚美詩〈原人歌〉，提到世間上的一切始自於一次以原人（Purusha）為祭品的祭祀儀式，開始產生眾生萬物：頭是天、腳是地、肚臍是空氣、靈魂是月亮、眼睛是太陽……包括宇宙的一切都從原人的犧牲而來。

種姓階級來自原人的身體

根深柢固的種姓階級來自原人的身體：最高地位的是由嘴巴變成的婆羅門（Brahman），是祭司的階層；第二級別的剎帝利（Kshatriya）來自胳膊，是貴族武士階層；第三級別是變自大腿的吠舍（Vaisya），是農商階層；最低級別是變自雙腳的首陀羅（Sudra），屬於奴隸階層。這四個階級的種姓稱為瓦爾那（varna），是最粗略的畫分，實際上各個種姓之間又根據職業、區域等等再細分為許多的亞種姓，叫做「迦提」（jāti）。除此之外，還有一種被摒棄為不可接觸的賤民，則是社會上地位最低下、最卑微的一群人。

世襲的種姓形成「內婚制」

印度人從出生開始，就注定自己屬於哪個種姓階級。這種世襲的種姓烙印形成一種「內婚制」，指的是只可以在同一種的種姓內通婚，若是不同種姓之間的婚姻，也多半只允許「順婚」，就是較高種姓的男子可以與較低種姓的女子結婚，相反的高種姓女子和較低種姓男子結合的「逆婚」就會遭到家族的嚴懲，被永遠開除出種姓外，變為賤民，他們後代也都會受到牽連而失去社會地位。

雖然在印度獨立後，宣布廢除這種封建無稽的種姓制度，不過這種觀念依然未能消除，階級歧視現象仍然存在，扼殺了無數年輕人的自由戀愛。許多印度的電影也不時會用這些年輕人自己相戀、拒婚的故事作為題材。

Bashir最後還說：「在印度放棄一切是件很容易的事，卻萬萬不能放棄傳統的種姓觀念。」他表示很慶幸自己早就移居倫敦，所以並未受到種姓制度的束縛。我隨口問他倆是屬於那類別的種姓，Bashir很客氣的表示，這是一個很敏感的話題，對印度人來講，在公開場合談及人家的種姓是不禮貌且非常忌諱的舉止。

印度人的婚姻大事講究「門當戶對」，嚴格遵守「種姓」階級

印度女人背後的悲涼

三天的豪門夜宴終於在一片鑼鼓喧天的熱鬧氣氛中落幕。最後一晚也讓我見識到印度人繁瑣的禮儀和習俗，大開眼界。

當晚，那位年輕的新娘扮相雍容華貴，站立在禮台上接受祭司和親友們祝福的情景，讓我留下了極為深刻的印象。她穿著緊身的紗麗禮服，上面繡上黃金薄片，並點綴珠寶玉石。全身上下包括頭、肩、頸、耳朵、鼻子、雙手以及雙腳全都戴滿各種首飾：項鍊、手鐲、耳環、鼻環和戒指等等，這身打扮，我估量最少逾十多公斤重。晚宴全程，她還得肅立好幾小時。個中苦樂，只有她自個兒知道了。

在我的學生時期，讀過一本法國作家儒勒・凡爾納（Jules Verne）的著作《環遊地球八十天》（Around The World In 80 Days，或譯為《環遊世界八十天》），新娘的裝束舉止，讓我腦海不由得浮現出書中一首印度詩王烏薩弗・烏多爾（Ucaf Uddaul）對阿美娜加拉王后（Queen of Ahmehnagara）的讚美詩句：

左：印度女人婚後通常在家相夫教子，沒有獨立的經濟收入

右：無論貧富貴賤，印度女子的地位都比同種姓的男性更低

她那烏黑發亮的頭髮，整齊地分作兩半，
圍繞著她那雪白嬌嫩，輪廓俊美的臉龐，
更添耀眼動人的光芒。

她身披百摺的絲質長裙，
就像是不朽的雕刻家維克瓦卡爾瑪那神奇的手，
打造出一尊純銀的美人雕像。

我心裡默默祝福這位年輕俊俏的新娘子，祝願她婚後幸福，家庭和睦。

一出生就要準備嫁妝

根據統計，印度的離婚率相較許多歐美國家，可說是低得出奇。這是否足以說明印度人的婚姻非常成功呢？仔細追查背後的因由，就會發現實際並非如此。前面提過，在印度嫁女兒成本非常昂貴，可能得從女兒出生就開始操心嫁妝的準備，離婚之後嫁妝也拿不回來，加上辦場婚禮實在太過勞師動眾，一般人根本無力負擔多次的嫁娶。

此外，若家族中有人曾經離婚，是非常不名譽的，甚至會影響到其他尚未婚嫁的家族成員，讓他們找不到對象。同時，女性結婚之後，通常都會在家相夫教子，沒有經濟收入，讓婦女根本不敢考慮離婚這件事。

婚姻是宗教契約

印度人篤信印度教，其教義認為婚姻是由天神主宰的，是一種重要的宗教契約，夫妻雙方都必須維繫，任何一方都無權破壞，但對於女方的要求則更為嚴格，妻子即使在家裡被虐待、被打罵，頂多只能逃回娘家暫避，最後還是得返回夫家，繼續過著忍辱偷生的生活。

遇到丈夫早喪的女人就更為可憐了，寡婦無法改嫁，依然要與亡夫繼續保持永久的夫妻關係。就算守寡的妻子再年輕貌美，擁有多少權勢財富，一旦成為寡婦，就與「幸福」兩字絕緣。寡婦一般只能穿素白的紗麗，不許化妝、配戴首飾，也不容許參加一切慶典活動。最令寡婦難堪的是，她從此被視為不吉祥的人物，遭到社會的排擠，沒有人願意接近她，在路上遇上都會閃避。許多寡婦因此選擇到寺廟裡孤獨地度過殘生，更甚者會選擇到聖城瓦拉納西（Varanasi）作為她們生命的終點站，到那裡等待死亡的一刻到來。

儘管印度政府不遺餘力地宣導男女平等，然而我在旅途中接觸的朋友越多，遇見的事物越多，越感受到男尊女卑的觀念仍然殘留，而印度女性遭遇種種不平等的對待，甚至是悲慘的命運，更讓我寄予同情。

旅途中，導遊曾經對我提到，某些窮困落後的農村裡，依然奉行陳舊習俗，當丈夫死後，妻子要為其自焚殉葬。我聽後頓時毛骨悚然，心情久久難以平復，無法相信在一個二十一世紀的現代民主國家中，竟然還有如此慘無人道的事情。

街頭上穿著亮麗傳統服飾的印度年經女子

殉夫陋習仍然存在

這又讓我回憶起《環遊地球八十天》小說中，斐萊亞・福克經過印度時，眼見一位不幸喪夫的艾烏妲夫人就要被投入火堆殉葬，福克先生見義勇為，從火場中把寡婦救出生天。小說完成在十九世紀，而一百四十多年前的殘酷舊俗竟然還繼續存在於印度，在為印度女性抱不平之餘，也深深感到非常不可思議。

雖然現在比起過去來說，已經有很大的改變和進步，但離印度婦女徹底解放翻身仍有很長一段距離。我此行應邀參加朋友姪女令人羨慕的豪華婚禮，始料未及的是，愈是深入瞭解這個國家，愈加看清印度婦女背後的悲涼。

人種、語言與宗教博物館

一次的婚禮邀約，開啟了我遊歷印度的契機，不但讓我親身體驗到印度人的獨特文化，以及種種怪誕奇特的習俗，更對這四大文明古國之一產生了濃厚的興趣。我過去未曾想過把印度放入旅遊地圖內，卻因這趟行程而萌生再多旅遊幾次也不嫌多的念頭！

到底印度有多大的魅力，那麼深深地吸引著我呢？她給我的第一個印象，就是「多」這個字。

今天我們在印度會遇到各形各色的人種，有棕褐色皮膚的亞洲黃種人、有皮膚黝黑的非洲黑人、又有皮膚白皙如同歐洲人；有的披著滿頭烏黑亮麗的長髮、有的頭髮是金黃或棕褐色、又有烏黑而卷曲髮型。有的身材矮小、有的天生高大壯碩……各種特徵，彷彿走進一座「人種博物館」。

據歷史的考究，印度的原居民是尼格利陀人（Negrito，又叫做矮黑人），接著是被稱為「前達羅毗茶人」的原始澳大利亞人，再來就是達羅毗茶人（Dravidian）延續下來並創造燦爛的古印度文明，接下來經過歐洲高加索地區的雅利安人（Aryans）、蒙古人、波斯人、希臘人、大月氏人（Yueshi）、阿拉伯人等等，各個入侵的外族都在這個半島留下了自己的後代。

印度不僅人口多，人種亦是形形色色

她是個多民族的國家，人種十分複雜。占人口一半的是印度斯坦族，其他分別是泰盧固族、孟加拉族、馬拉他族、泰米爾族、古吉拉特族、坎拿達族、馬拉雅拉姆族、奧里雅族和旁遮普族等，另外還有幾十個少數民族。因為歷史上不斷受到外族入侵，導致血統混雜，被冠以「南亞人種博物館」的稱號。

不僅人種多，印度的語言也非常繁多，單是憲法中承認的語言就有二十二種，通過登記的地方語言也超過一千六百多種。儘管官方語言為英文和印地語（Hindi，又稱為北印度語），不過在溝通中仍夾雜不同的地方語言。曾有人開了一個玩笑，說有多少印度人，就有多少語言。一語道出印度語言的複雜性。把印度說成是世界「語言博物館」，並不為過。

對很多印度人來說，沒有宗教，生活就沒有意義。印度是全世界受宗教影響最深的國家之一，有「宗教博物館」的稱號，不僅信教的人數多，宗教和教派亦異常繁多，有的來自本土，也有由外地傳入的。源於古印度吠陀教和婆羅門教的印度教，發展成全國的第一大教，印度人口約有85%是信奉印度教（Hinduism），其他占少數的有伊斯蘭教、基督教、錫克教、佛教、耆那教（Jaina）和猶太教等，彼此互相碰撞又互相並存，展現出獨特和諧的宗教特色。

印度教信奉的神實在太多，滿天神佛多不勝數，或許連印度人都不能一下子講清楚。我在行程中，整天聽見就是三個重要神祇的名稱：毗濕奴（Visnu）、濕婆（Siva）和梵天（Brahma）。至於哪位法力最大，最受教徒尊崇，直到我行程結束時，仍未完全分辨出祂們的關係和法力。

在印度，神像可以說是無處不在，信徒們隨時隨地祈求神佑。每個地方、家庭和店鋪裡都供奉著神像。我幾次造訪朋友家中或者辦公室，都設有獨立房間供奉神像，還按時虔誠膜拜，隨時都離不開神的庇佑。

他們不單對神祇如此尊崇，對被視為是神聖的代表動物也一樣，奉瘤牛（一種原產印度、肩部長有肉瘤的黃牛亞種）、猴子、蛇、象等為神明，甚至包括老鼠！例如印度某地便有老鼠廟的存在。在外地人眼中，真是有點匪夷所思！

電影背後的印度

一部印度寶萊塢出品的電影《摔跤吧！爸爸》（Dangal，臺灣譯為《我和我的冠軍女兒》），故事內容改編自印度摔跤手瑪哈維亞・辛格・珀尕（Mahavir Singh Phogat），將兩個女兒訓練成摔跤冠軍的傳奇故事，二〇一七年五月初在中國各大城市公映，獲得一致的好評。

難得願意為女兒打算的印度父親

這天我在北京準備關於印度的新書文稿，正尋找思路，恰好見到電影預告，靈機一動，決定走入附近的電影院觀看，這麼隨性的做法，可算是我平生的頭一遭。兩個多小時的放映過程，我全程投入，絲毫找不到半點打盹的機會，皆因片中主題鮮明，又富有教育意義，演員們個個真情流露，人物的個性、感人的情節一再牽動觀眾的心弦，特別是飾演父親的阿米爾汗演技精湛。雖然片中不乏帶有誇張和煽情的橋段，不過在當前功利社會中能拍出這般清新勵志的電影，的確是難能可貴。

我不是影評人，對電影就不多贅述，只是想借片中部分細節瑣事，回憶我在旅遊印度時的所見所聞。

先講電影中的父親一直盼望生男孩，可以為他實現摔跤世界冠軍的理想，然而服藥、求神問卜等等，什麼方法都嘗試過了，到頭來只生下四個女兒，令他感到不快和懊惱。這與現實的印度社會完全一樣，不但種姓差別依然存在，對待男女性別也非常不公平，婦女社會地位低下早已經是不爭的事實。

造成男女不平等主要來自於印度的信仰和習俗，從女兒生下來的一刻，家長就要開始籌備將來出嫁的嫁妝，女兒出嫁等於辦一場盛大的慶祝活動，新娘家花費浩大。若辦得稍微寒酸，就會令女方家長失去面子和尊嚴，日後女兒嫁到男方家時，也會遭到白眼和虐待。因此女方家長不得不設法張羅，儘量把場面辦得隆重得體，一應費用全部由新娘家承擔。高昂的嫁妝不但影響女性的地位，也會對家庭經濟造成嚴重負擔，印度政府一直想徹底鏟除這種舊有觀念，不過尚未成功，估計還需要走一段很長的時間。

我記得片中有一幕，兩個女兒抵受不住父親嚴格的摔跤訓練，很羨慕她們的女性朋友出嫁，卻反而被新娘的一段話當頭棒喝點醒。新娘只有十四歲就出嫁，未來必須面對生兒育女和家庭瑣事，反而羨慕她們的父親為其著想，謀劃將來。今天印度依然流行包辦婚姻、父母之命和媒妁之言，沒有自由戀愛的婚姻。更匪夷所思的是，年紀大的男性迎娶年紀很輕，甚至才不過五、六歲的黃口女童，都是等閒平常之事。

人類國度中的牛天堂

此外，還要談到牛隻在印度的地位。

當片中的母親看見一頭牛在家門口徘徊，她不但未將牛驅逐，反而拿食物餵飼牠。這是因為印度教徒視牛為神聖不可侵犯的生命，有時寧願流血犧牲自己，也要保護牛隻。

印度教主神之一的濕婆神，就有一頭名叫南迪（Nandi）的公牛坐騎；毗濕奴的化身之一黑天（Krishna）小時候也是牧童出身；古印度宗教文獻《梨俱吠陀》有這樣記載：印度有兩位國王，一位叫格帕拉（Gopala），意思是「牲畜的保護者」，另一位叫戈巴拉曼帕拉蒂・帕拉克（Gobrahman-prati-palak），意思是「牛的所有者的保護人」，從名字就可以瞭解是專職保護牛的。在印度教徒每次的祭祀中，祭牛和獻牛是最重要的一個環節，他們誠心祈求濕婆顯靈，賜給如意神牛，那就心滿意足了。

在印度，雖然不吃牛肉，但從牛身上的產物，卻加以利用，不僅有牛尿製成的飲料，牛糞做成的牙膏等等用品，甚至還有一種「潘查加維亞（Panchgavya）」，可說是印度版的「五味甘露」，內容混合了牛奶、牛油、凝乳、牛尿和牛糞，被認為能治百病的萬靈丹。

他們還會牽著牛到廟裡許願，保佑家宅平安，然後把牛放生。這些習俗與佛教的放生祈福有點大同小異。所以神牛在街上自由遊蕩，人和車都要停下來迴避；當神牛來到店舖門前，店主人不但

「神牛」在馬路上遊蕩

不能將牠驅逐，還要拿出食物供奉牠們。我在印度大城市中見到神牛在馬路上大搖大擺的模樣，就見怪不怪了。

特別說明的是，可別誤以為在印度所有的牛都是「神牛」，真正神聖的牛應該是一種背後長有瘤狀突起的印度本土瘤牛，但被一些激進的印度教徒擴大至其他牛隻例如水牛，因為販售水牛肉受罰，或是宰殺水牛而被暴徒毆打致死的案例層出不窮。

用手抓飯吃的技巧

再講到印度人的飲食習慣，他們吃飯慣用手抓、愛吃咖哩和喝酸奶等，在片中這類的鏡頭也是經常出現。

我記得在旅途中曾經和朋友共進晚餐，為了表示對我的尊重，他們都為我準備刀叉餐具，並未要求我入鄉隨俗用手進食。我前後旅遊印度數次，始終沒學會用手抓飯，一是怕手指髒汙不夠衛生，更重要的是抓飯的技巧不好學。

印度人習慣用右手抓飯，可不是隨手亂抓，而是講求技巧的。老友Bashir多次教我如何運用右手的三根手指（拇指、食指和中指）進食，我卻苦於無法學會。反觀他運用自如，三根手指的使用跟我們平時拿叉子一樣靈活，把米飯和餅裹上菜或沾上湯汁，捏成一團送入嘴裡，過程一氣呵成，還吃得津津有味呢！

即使是二十一世紀的現在，印度無論是上流社會的紳士或中產階級等依然堅持用手抓取進食。我感到相當疑惑，猜想或許他們覺得用手進食，吃起來更有滋味吧！後來有次機會，從印度友人中獲得了答案：印度的食物大多數都是熟食，有時一個不留神，過熱的食物進口就把口腔燙傷。用手抓進食就不同了，很容易察覺食物的熱度，便不至於被燙傷。說起衛生問題，其實也是很注意的，餐桌上都會準備一碗水，供飯前後洗手清潔使用。

咖哩＋酸奶，最速配的組合

大家都知道源自於印度的咖哩最出名，「咖哩」一詞來自印度南方的泰米爾語，是「很多香料放在一起煮」的意思，帶有一股辛辣味，用來調和羊肉的腥膻味，還有另一種功效，與印度天氣炎熱有關，炎熱的天氣容易使食物變壞，不能保存太長時間，倘若加上咖哩調味品，食物多了一份鮮香可口，又可以把食物保存得更長久，真是一舉多得。

印度朋友詳細說明，地道的咖哩是用丁香、小茴香籽、芥末籽、薑黃粉和辣椒等香料調製成的，其中薑黃是主要原料，所以用咖哩當調味品非常普遍。有一句話是這樣說的：「印度人可以不吃飯，但不可以不吃咖哩。」缺少了咖哩佐飯，就會有度日如年的感覺。

另一種在印度常見的飲料是酸奶（Lassi），在大街小巷都能找到售賣的攤檔。店主會用小陶罐盛放酸奶，客人喝完後，就直接將陶罐扔在地上砸碎，省卻了清掃的麻煩，所以市集的地上經常布滿酸奶小陶罐的碎片。為什麼印度人這麼愛喝酸奶呢？這和他們的飲食習慣有關，吃過重口味的咖哩和油膩的肉類之後，正好用酸奶緩解辛辣、去油解膩、促進消化，酷熱的天氣下來杯清涼的酸奶更令人通體舒暢。

高超的喝水技巧

最後一點則是喝水的習慣。電影中有一段，父親要喝水時，用右手舉起水瓶，仰起脖子，水瓶和嘴巴之間距離約三十多釐米，然後微微傾斜水瓶，讓水流進嘴裡，喝完水後，連嘴唇都沒有沾濕。

然而這看似高超的喝水「技術」，其實又和種姓有莫大的關係。根據過去種姓的規定，任何物品一旦被低種姓的人碰過，就會被高種姓的人視為受到汙染。為了避免染上「不潔」，印度人便練就這種喝水的技巧，即使嘴唇未碰到杯子和水瓶，也能喝到水，又不會破壞種姓的規矩。這得靠工多藝熟才能辦得到，若突然要我用這方式喝水，不嗆到才怪！

坐在電影院內，看著螢幕上的種種情節，描述印度人日常生活的習慣，讓我有種重返印度的感覺。

莫臥兒帝國
留給世人無價的寶藏

莫臥兒帝國統治印度達三百多年（一五二六年至一八五八年），留下許多珍貴的文化遺產，其中阿格拉在一五二六到一六五八年之間一直作為帝國首都，擁有三項世界文化遺產的古城，其中聞名遐邇、最為人熟識的就是泰姬陵，餘下的分別是阿格拉堡，以及「勝利之城」法特普希克里城。

粉紅之城齋浦爾

我的印度處女行從齋浦爾（Jaipur）開始。

齋浦爾與鄰近兩個城市阿格拉（Agra）和德里（Delhi）被旅遊界評為「黃金三角」，不過我對她的名氣一無所知，卻由於婚禮活動恰巧在這裡舉行，因緣際會，第一站就來到這個旅遊熱門地。

從德里國際機場轉搭內陸班機，航程約半小時，就抵達拉賈斯坦邦（Rajasthan）唯一的桑加納爾機場（Sanganer Airport）。機場入境大堂裡面受到嚴格的管制，除等待行李的到境旅客外，其餘只能在機場外面守候，因此出口處擠滿人群，場面一片混亂，我根本分不清哪些人是來接機，哪些則是旅行社的導遊。甫踏出大門，我的行李幾乎立刻被搶客的的士（計程車）司機攔截，幸好我眼明手快，找到老友安排接機的司機，避開一場搶客混戰。

北印度重鎮

四月底的齋浦爾，氣溫高達攝氏四十多度，加上它的位置就在北印有印度大沙漠之稱的塔爾沙漠（Thar Desert）入口，塵沙滾滾，非常乾燥。我在車內彷如蹲坐烤箱般，空調壓根兒敵不過外面的高溫。

齋浦爾建於近三百年前的一七二七年，是由莫臥兒帝國（或稱蒙兀兒帝國）時期拉杰普特族（Rajput）王公薩瓦伊・齋・辛格二世（Sawai Jai Singh II）興建，那時正是王朝的喧赫年代，整座城市相當具有規模。時至今日，齋浦爾成了拉賈斯坦邦的首府城市，城市面積有一萬一千多平方公里，人口超過三百萬，是印度北方重鎮。

我坐在車內，沿著柏油公路前行，路面坑坑窪窪，並不平坦。窗外掠過的景物，兩側是低矮破落的磚屋和鐵皮屋，還有簡陋的市集攤檔等，路旁隨處可見沙堆和垃圾，實在很難想像這居然是首府重鎮的街道。

公路上，除了汽車、公交車、摩托車、滿載貨物的貨車等等五花八門的車種外，更有牛、馬、駱駝等，經常出現人畜爭路的場面，險象環生。

司機原先說由機場到酒店的車程，大約半小時。結果因為遇到複雜的交通狀況，過了一個小時，仍未能進入市區。更糟的是，為了節省時間，司機還專走橫街窄巷，那裡泥濘遍地，臭氣熏天，從車窗透進來，坐在車內一點都不好受。

司機知道我是首次到訪，乘機把我載到兜售紀念品的桑格內爾（Sanganer）染布村落和購物商場區。我本以為他是老友派來的私人司機，便抱著期待的心情走進商場，打算好好參觀一番。不料司機居然是這商場的掮客，拼命地向我推銷當地的紀念品。

我這時才猛然想起，出發前Bashir曾有一番忠告。他曾說：「一百個印度人當中，九十個是騙子，到印度旅遊，必須有防人之心。」當然此語有點誇張，不過當司機把我拉進商場走了一圈後，我感到除非破財購物，否則恐怕難以脫身，這才瞭解Bashir所言很有道理。最後我還是設法擺脫了「熱情」推銷，催促司機趕快把我送到目的地。

車子慢慢進入熱鬧的城區，混亂的路面情況依然未見改善。不過當我抬頭看見黃岩石山上宏偉的堡壘群，已經逐漸感受到古印度的風采。

在印度旅遊是離不開小費的，為了得到司機較佳的服務，我唯有先給予小費，希望他別再把我迂迴載到商店區或其他地方，延誤我與老友的會面。沒想到這點小費居然讓司機大開金口，開始為我介紹起這個城市來。

城牆包圍的城市

他說齋浦爾城市名稱來自建造者齋•辛格的「齋」字，「浦爾」則代表「城牆包圍的城市」。在印度，很多城市都帶有「浦爾」兩字，皆是同樣的意思。

齋浦爾分為舊城區和新城區，舊城區的四面由城牆圍著，分別建有七座城門，城內布局嚴謹，街道縱橫交錯，依然保存著宮殿和古建築群，是旅遊不可錯過的地區。

為何齋浦爾有「粉紅之城（Pink City）」之稱？主要是舊城區大部分的建築物統一用了粉紅的

紅色基調加上白色外框，讓齋浦爾變成一座美輪美奐的粉紅之城

顏色來刷飾。我循著司機所指，見到一座城門，覺得那並非真正的粉紅，而是接近紅土色的玫瑰紅。

事實上，舊城初建時建築並不是粉紅色的。這得追溯到一八七六年，當時的王公薩瓦伊‧羅摩‧辛格（Sawai Ram Singh）為了迎接來自英國的威爾士王子，也就是日後的國王愛德華七世到訪，下令將全城建築粉刷成粉紅色，並加上白色外框，這才使齋浦爾變成一座美輪美奐的粉紅之城。

最後，司機告訴我，待我這次參加的印度婚禮結束後，他很樂意接載我參觀粉紅舊城，我這才恍然大悟，他並非老友的私人司機，只是臨時受僱而已。當然，稍晚旅遊這個城市時，我也全仗酒店旅遊部的安排，並未接受他的「美意」。

黃砂岩上的城堡

結束一連串婚宴社交活動後，我隨即展開粉紅之城的旅遊。為了避開四月天正午的酷熱，我一大清早就出發，首站走出市區外十一公里，來到旅遊熱門景點琥珀堡（Amber Fort）。

琥珀堡之名

琥珀堡名字的由來有多種說法，最為人接受的是它建在黃砂岩山巔上，採用大塊的黃砂岩石作為建材，每當晨曦或日暮時分，陽光灑落在黃砂岩的城堡上，遠看猶如珍貴的琥珀，所以獲得這樣的美稱。

另外有種說法是城堡的原名叫做「安梅爾堡（Amer Fort）」，而印度語中Amer是指「天上」的意思，因為發音和英文的琥珀（Amber）相近，便將它翻譯成「琥珀堡」了。

琥珀堡在一五九二年由莫臥兒帝國拉杰普特族王公曼・辛格（Man Singh I）下令修建，城堡是在原來十一世紀舊有堡壘的基礎上加建，歷時一百多年才完工，之後一直是王公的宮殿城堡，也是首都所在。後來傳到王公薩瓦伊・齋・辛格二世時，把宮殿和首都遷移到新的齋浦爾城，琥珀堡完成了它的歷史使命，保存下來變成今日的城堡遺址。

乘象穿越城門

此時已是日上三竿，陽光毒辣。從山腳徒步到山上的城堡，需要半個多小時。導遊建議我在山腳的大象接載點，乘大象登山。若能坐在象背上，效法過去印度貴族的派頭，搖搖晃晃地穿越城門，彷彿走進了時光隧道，這麼一想，真令人感到心動。可是當我一靠近那些身披繽紛彩帶的大象時，一股惡臭撲鼻而來，極難忍受，最後只好放棄乘坐，自行緩步登上城堡。

陽光灑落在黃砂岩的城堡上，遠看猶如珍貴的琥珀

一般乘坐大象，是從太陽門（Suraj Pol）進入，月亮門（Chand Pol）則是步行或乘車的入口。我花了大半個鐘頭往上攀登，好不容易才到達城堡的巨大拱城門，連接著城門的是連綿不絕的垛牆。走進城門，頓時眼前一亮，進入視線內的是座開闊的中心庭院（Jaleb Chowk），這兒是過去王公貴族凱旋歸來祝捷和展示戰利品的地方。

我從庭院的一側踏上階梯，穿過獅子門（Singh Pol），這道門是繼續深入參觀的入口。堡內有很多胡同小巷相連，一不小心又會繞回原地，因此必須跟緊導遊，才不至於浪費腳力和時間。

琥珀堡雖有城堡之名，實質上卻是一座融合了莫臥兒和伊斯蘭風格的宮殿，例如圓拱形的屋頂、細小格子組成的窗櫺、植物圖案的鑲嵌或雕

左：乘坐大象是從太陽門進入

右：坐在象背上，搖搖晃晃地穿越城門，彷彿過去的印度貴族

刻等，精雕細琢，巧奪天工，裡裡外外令人歎為觀止，名副其實是一項重要的建築遺產。

我首先來到公眾大廳（Diwan-i-Am），這是王公接見臣民、公布政令、聆聽諫言的地方，空間相當具有開放感，由兩組柱子支撐大廳屋頂，外柱與內柱的建材分別採用紅色砂岩石和白色大理石，色調配合得非常優雅和諧，每一根柱子頂端都是象頭造型的雕飾。此外，在大廳上方還可見到非常細密的格子窗。這些都讓我清楚瞭解到公眾大廳是莫臥兒和拉杰普特的文化結晶。

接著通過的是象神門（Ganesh Pol），這兒是前往宮殿內廳的入口，繁複而對稱的各種圖案，十分華美精緻。二樓還有非常精細的格子雕花窗櫺，是王室女士們的專用地方，她們躲在窗花背後，觀看庭院中的景況，也在此灑下鮮花，歡迎王公的歸來。

上：踏上階梯，穿過獅子門，這道門是繼續深入參觀的入口
下：公眾大廳是王公接見臣民、公布政令、聆聽諫言的地方

上：象神門是前往宮殿內廳的入口，有著繁複而對稱的圖案，華美精緻
下：象神門上的對稱圖案，令人驚嘆

引人入勝的勝利宮

最引人入勝的勝利宮（Jai Mandir），宮內有精美的天花板和彩色玻璃，以及蜂窩狀的大理石窗櫺。宮殿內的極致，就非鏡宮（Sheesh Mahal）莫屬了。四周圍的牆壁和天花板鑲嵌了無數的鏡片，排列成各種花卉、花瓶等等圖案。教人嘆為觀止。據說在夜晚漆黑一片時，若在宮內點起蠟燭，數不清的鏡片反射搖曳燭光，整座宮殿如同星光點點，非常耀眼。可惜如今鏡宮拉起封鎖線，內外警備森嚴，遊人只能從封鎖線外探頭窺看，無法拍到內裡乾坤。

勝利宮前有座庭院，中央是個星星形狀的水池和噴泉，庭院以大理石隔成幾何形狀的芳草園圃和路徑。與勝利宮隔著庭院對望的是娛樂大廳（Sukh Niwas，又譯為愉悅宮），過去將水流從外引入室內成為瀑布，緩解炎炎夏日的酷熱，可

左：勝利宮一景

中：後宮牆上的小陽台，引人無限遐想

右：勝利宮前八角庭院和娛樂大廳

說是古代的冷氣設備。

琥珀堡的第四個庭院則是後宮（Zenana）。經過導遊的說明，才洞悉這後宮內的乾坤奧妙，透過高明的設計，王公得以在夜晚悄悄走入王后或任何一位妃子的房間，卻不會驚動到其他嬪妃，免去了她們爭風吃醋的紛爭。

琥珀堡最神祕的地方大概要算是神廟（Shila devi Temple）了，從獅子門的右邊有個不起眼的入口就可以前往。據說過去維持每天用一隻活山羊進行祭祀，直至一九八〇年才由政府宣布廢止。

琥珀堡的確聞名不如見面，若不是親眼目睹，還真無法想像當中的奧妙。來到齋浦爾，可別錯過這個景點。

左：與弄蛇人合影

右：琥珀堡山下的湖邊，佇立的水之宮殿

水之宮殿與弄蛇人

從琥珀堡往上攀約兩千米，是另一個山頂城堡——杰加爾堡（Jaigarh），過去是防守的要塞。此際陽光更猛烈，導遊說那裡只遺留下高高的圍牆和瞭望台，以及各式大型鐵炮和武器，設計布局無法與琥珀堡相比擬。烈日當空，我擔心繼續曝曬下去，或會體力不支，決定放棄參觀，原路返回。

經過琥珀堡山下的湖邊，正好可以欣賞佇立在湖中的水之宮殿（Jal Mahal）。宮殿建於一七九九年，是王公的夏宮，現在聽說屬於私人擁有，未有對外開放。湖上風景如畫，美中不足的是，湖邊一坨坨臭氣沖天的垃圾，還有覓食亂竄的野豬群，破壞了如斯美景。

我在湖邊恰巧遇上一位吹奏噴吉（Punji）的弄蛇人，在好奇心的驅使下，我也蹲在一旁，仿效他的吹奏，把弄籃裡的眼鏡蛇。我將兩人合影的照片傳回遠方的親友，大家都暗暗為我捏把汗，一面擔心噴吉的衛生情況，更怕那帶有劇毒的眼鏡蛇會突然失控！

迷人的齋浦爾舊城

我置身在舊城中心，「風宮」（Hawa Mahal）的前面，環顧四周景物，幾乎是清一色的粉紅，無論是房屋的牆壁、門窗、穹頂，或者街道上的商店、攤檔，甚至連廁所都一樣。

「風宮」是昔日卡奇哈瓦王朝（Kachhawah）後宮妃嬪仕女們活動的場地，今天則是齋浦爾的標誌景觀。一七九九年，由當時的王公薩瓦伊・普拉塔・辛格（Sawai Pratap Singh）建造。

風宮屹立在舊城中心皇宮前的繁華大道上，整座建築採用紅色砂岩，共有五層，猶如一幅巨大的扇形屏風。

風宮名稱的由來，據說是當你站在宮殿裡面的每個角落，都可以感覺有風吹入。它最為人樂道的是設計線條優美，獨特的屏風上面有九百五十三扇半鏤空的窗戶，如同蜂巢一般。在粉紅的底色上，勾勒出白色的邊框和圖案，增添不少典雅的氣息。儘管我來的這一天，外牆架起竹棚進行維修，仍然遮擋不住它的迷人風韻。

導遊說明當年興建風宮的目的，是讓妃嬪仕女們毋須拋頭露面，只要站在窗戶後，就可以將外面熱鬧的花花世界盡收眼底，不必擔心容貌被外人窺見。

維修中的風宮

導遊表示，它內外鑲嵌不少玻璃，因而每當皓月當空，在月光映照下，反射的光芒猶如天空中繁星閃爍，令人聽了悠然神往。

舊城除了這堵分隔兩個世界的「屏風」外，還有個著名的崔波萊市集（Tripolia Bazar），有不少商店售賣各種布料和美麗的紗麗，當然更少不了印度人喜愛的金飾珠寶店鋪。印度人喜歡到這裡為女兒辦理嫁妝，旅客也熱愛在這個集市選購紀念品。

舊城建構呼應九大行星

舊城歷盡無數的風風雨雨，依然散發中古世紀令人心醉的迷人風貌，要歸功於薩瓦伊・齋・辛格二世和孟加拉籍的建築師查克拉瓦提（Vidyadhar Bhattacharya）。他們按印度古老的建築著作Shilpa Shastra為藍本，並將舊城分成九

左：迎賓宮殿上迴廊的雕飾

右：迎賓宮殿

個矩形區域，呼應天文上的九大行星。被城牆團團包圍的舊城共有七座城門，為了方便當時用大象接載王室貴族的進出，所以城門開得特別高大。導遊為了讓我更加瞭解，特地開車逐一穿越七座城門，我留意到每道城門的規模大小不同，風格則一致為莫臥兒和拉賈斯坦兩者的混合。

舊城還有基本的防禦功能設計，它的主要街道筆直寬闊，相反的，其他的橫街巷弄就非常曲折狹窄。當敵人入侵時，城內可隨時分為數個防禦區域，力拒來敵入侵，從中可以看出設計者的睿智和縝密的心思。

城市宮殿暨博物館

接下來的行程是舊城的兩大景點：城市宮殿（City Palace）和簡塔曼塔天文台（Jantar Mantar）。

城市宮殿建於一七二九至一七三二年之間，占地面積幾乎是舊城的四分之一，裡面有庭院、花園和宮殿，

左：內苑入口有兩個大理石象雕

右：後方米色建築為月之宮殿，大旗子上方的小旗子升起表示現任王公正在宮殿內

此後多年來又經過其他王公的擴建維修。宮殿內唯一未刷上粉紅色的建築，特別引人注目，它是王公的住所——月之宮殿（Chandra Mahal），此處並未對外開放，只有一樓作為博物館展示王室家族擁有的地毯、手稿等陳列品。至於宮殿內其餘大部分的建築，則多為博物館。

我按參觀路線順序入館參觀，首先是接見來賓訪客的迎賓宮殿（Mubarak Mahal），陳列歷代王室的衣著飾物、紡織品和樂器。當中有一襲特別寬大的絲質長袍，曾經由薩瓦伊・瑪多・辛格一世（Sawai Madho Singh I）穿過，據說這位王公身高兩米多，體重達兩百五十公斤，有如日本相撲選手的巨大身形，他還擁有一百零八位妻子，真非等閒之輩。

後面是公眾大廳（Diwan-i-Aam），過去是王室與群臣的議事廳，後改變為美術館、軍械庫，收藏印度教的神跡文本，各種鑲嵌有寶石珠寶的武器珍品，和一些舊式重型鐵炮等。

1：私人大廳展示的銀壺

2：象雕側面

3：公眾大廳展示舊式重型鐵炮

4：象雕正面

私人大廳（Diwan-i-Khas）位於內苑，入口有兩個大理石象雕，內苑的建築外牆、私人大廳和柱廊都以粉紅色為底，畫上白色花紋圖案，看起來較風宮更為美觀精緻。大廳兩旁放置兩只世界最大的銀壺（Gangajalis），每個銀壺分別用一萬四千枚銀幣熔製，高約一米六，各重三百四十五公斤，可盛載九百加侖（4,091公升）的水。這兩只銀壺可是大有來頭，是瑪多・辛格二世在一九〇二年遠赴英國參加愛德華七世加冕禮時，用來盛載恆河水供他沿途沐浴使用的，印度王公貴族的奢華之風可見一斑。

世界最大的石製日晷

城市宮殿的對面就是簡塔曼塔天文台，是齋・辛格另一個別出心裁的設計。他收集希臘和歐洲大量的資料，按中亞的烏魯伯格（Ulugh Beg）天文台的規格，先後在包括德里、齋浦爾等五個地方修建天文台，齋浦爾這兒設置的天文觀測儀器數量最多，二〇一〇年已被列入世界遺產名錄。

這裡有世界最大的石製日晷、半圓形如碗狀的白色大理石設備可以追蹤太陽軌跡，還有各種天象的觀測儀等等，不可思議的造型令人為之咋舌。雖然時過幾百年歷史，到現在仍能使用，而且還相當精準，實在教人佩服不已。

時值烈日當空的正午時分，陪同我參觀的導遊都躲在遠處的樹蔭下乘涼，我也開始招架不住，簡單在天文台遊了一圈，就提早撤退了。

簡塔曼塔天文台一景

上：世界最大的石製日晷正面
下：世界最大的石製日晷側面

美哉！泰姬陵

一提到印度泰姬陵（Taj Mahal，臺灣慣稱為泰姬瑪哈陵），幾乎是無人不知，無人不曉。它是世界七大奇跡之一，被讚譽為一座最完美無缺的藝術建築珍品。

「來到印度而未到過泰姬陵，就等於白來一趟。」印度朋友再三強調。

他們還說，日出和日落兩時段的泰姬陵，景觀最為壯美，最能夠凸顯出它夢幻般的嫵媚迷人。若想要取景拍攝，可千萬得把握這最佳時機。

為了不錯過日出泰姬陵的絕景，我決定摸黑從齋浦爾出發。前往目的地，車程約四個多小時，我前一天就提早與司機商議好時間，他的一聲「no problem」，讓我信心滿懷，認為日出的一幕已如囊中之物。

上車之後，我們啟程往阿格拉古城的方向前進。公路四周漆黑一片，車窗外隱約見到阡陌農舍。行車約一個多小時後，遠方的太陽居然已經開始緩緩露臉，晨霧也逐漸散去，隨著泛紅的朝霞灑落，趕市集的村民紛紛出動，駕著牛、馬拉車，還有不少嚴重超載貨物的機動車，左搖右晃地疾駛在公路上，這般景象讓我彷彿重回到中國七〇年代初的偏遠農村。

公路一景

到達阿格拉古城的公路收費站前，天已大白。當然，欣賞日出泰姬陵美景的期盼早已落空。我只能無奈又帶點不滿地瞪了司機一眼，而他攤開雙手作回應。印度人的「no problem」是多麼隨便，總算讓我領教到了。

我們繼續進入阿格拉城區，這兒給我的印象相當不好，土磚民房東歪西斜，布局雜亂無章，大人與小孩旁若無人地圍坐汙水溝和泥沙堆旁，市區猶如經歷過一場浩劫災難。受到世人高度讚揚的泰姬陵竟置身在如此的「破城」中，使我內心不禁感慨萬分。

路上不少小販、流浪漢和乞丐，他們一見初來乍到的旅客，立即展開追逐，有爭生意的、亦有行乞的，我的司機只好左閃右避，努力穿梭在人群和各式各樣的交通工具之間。

東門入口

好不容易拐進了泰姬陵園區，此刻的園區才剛開放，除了旅客外，其餘人等均禁止進入，我們這才輕鬆地從紅色砂岩的東門進入。先經過兩側對稱的夾層庭園，再穿越碧草如茵、花簇錦攢的園圃，迎面而來一座如城樓般高大巍峨的紅砂岩正大門，再仔細一看，頓時覺得它像一座清真寺，拱門上方的前後涼亭頂端各有十一座圓頂（總共二十二座圓頂），門框上用黑白兩色雕刻出古蘭經文，以及在白色大理石上鑲嵌花草和幾何圖案。莊嚴典雅，落落大方。

導遊司機就在「曠世異寶」的大門前，對我介紹起這座完美的陵園。故事要從莫臥兒帝國第五代君主沙賈汗（Shah Jahan）說起：沙賈汗心愛的第三位妻子蒙坦姬•瑪哈（Mumtaz Mahal）跟隨君主征戰連年，又為他誕下十四個孩子。

一六三一年，她因分娩感染產褥熱去世，沙賈汗傷心欲絕，傳說為此一夜白頭。為了建造陵墓紀念愛妃，他窮盡全國的國力，召集來自印度和中亞各地共兩萬多名工匠，收集名貴的大理石和各式寶石雕琢鑲嵌在陵墓上，先花了十七年時間建好主體陵墓，接著再花五年把外圍花園和大門建起，總建造時間長達二十二年之久，直到一六五三年，被譽為「印度穆斯林最美麗的藝術與珍寶」的陵墓才告完成，印度人把它稱做「愛的墓碑」（Monument of Love）。

沙賈汗還在隔著亞穆納河的對岸，建了月光花園（Moon Garden），並經常來到這兒凝望陵墓，思念自己心愛的妃子。傳聞他打算在此處建造一座與泰姬陵遙相呼應的黑色陵墓給自己用，然而這計畫尚未實行，不過兩年時間，沙賈汗竟然被自己的

左：門框上用黑白兩色雕刻出古蘭經文，以及在白色大理石上鑲嵌花草和幾何圖案

右：一座如城樓般高大巍峨的紅砂岩正大門

兒子篡位，並被囚禁在泰姬陵對岸的阿格拉堡，從此他只能透過窗戶靜靜追憶他的妃子，作為被囚禁時的唯一安慰。印度君主這一段淒美的愛情故事，經過導遊深情款款的述說，令在旁的旅客包括我自己也為之動容。

聽過故事後，我們跨進正大門，一座潔白純淨、如夢似幻的龐然建築物躍然眼前，聳立在藍天白雲間，熠熠發光。它就是聞名於世，被印度詩人泰戈爾（Rabindranath Tagore）形容為「掛在永恆面頰上的一顆淚珠」（A tear on the face of eternity）的泰姬陵陵墓主體了。

上：陵墓主體是座八角形的建築，上方有個巨大的洋蔥形圓穹頂，從底部至圓穹的尖頂約有六十七米高，另有四座圓頂涼亭圍繞著圓穹

下：白色的大理石鑲嵌各色寶石

寶石鑲嵌的花紋

伊萬式拱門

陵墓主體是座八角形的建築，牆身以磚塊砌築，外面用純白的大理石當表牆，讓人對整個陵墓產生錯覺，認為它是純大理石的建築，若不是導遊的解說，很難分辨出它的內裡乾坤。門窗上是劃一的六角菱形的鏤空格子，白色的大理石鑲嵌上碧玉、綠松石、青金石、藍寶石、瑪瑙、玉髓等，還有各種不同顏色的翡翠、水晶、珊瑚等，成為一組組精美的漩渦花紋和手寫體的古蘭經文，精湛的手藝真讓人嘆為觀止。

陵墓上方有個巨大的洋蔥形圓穹頂，從底部至圓穹的尖頂約有六十七米高，另有四座圓頂涼亭圍繞著圓穹。陵墓的四面中央各有一個巨大的伊萬式拱門（Iwan），大拱門的兩側則各有上下兩層的小伊萬拱門。伊萬是一種三面封閉，正面開放，上方為穹頂的拱門，像是壁龕，是種伊斯蘭建築的特色。

左：空棺

右：大理石基座四個角落各豎立一支高約四十二米的圓柱型白色高塔

圓穹的下方就是中央墓室，進入墓室內必須要事先套上保護的鞋套，墓室中央放置一大一小兩座石棺，較小的是王妃，而一旁較高大的屬於沙賈汗。其實這兩座都是空棺，分別為蒙坦姬・瑪哈紀念碑（Cenotaph of Mumtaz Mahal）和沙賈汗紀念碑（Cenotaph of Shah Jahan），真正的墓棺放置在二十二級階梯下面的地下室，是不對外開放的。

陵墓主體建於近七米高的四方形大理石基座上，面積一百平方米的大理石基座四個角落各豎立一支高約四十二米的圓柱型白色高塔（Minarets），高塔略向外傾斜十二度，據說是避免在地震時衛塔朝陵墓主體倒塌，同時遠觀泰姬陵時，視覺上會有垂直的感覺。

由花圃水道間回望正門

我站在高高的基座平台上俯瞰四周，平台後方緊鄰亞穆納河，而一座典型莫臥兒風格（波斯式）的花園就在正前方，四平八正的花園被十字形的水道分割成四個幾何圖案的花圃，正中央是一座大理石水池，水池和連接正門與陵墓間的筆直水道都設有噴泉，聽說只有在較大節日時，噴泉才會啟動，卻也因此讓白色泰姬陵完整地倒映在水池面上，更增添靜謐而神祕的美麗色彩。水道兩側與花園種植了象徵生命的果樹與象徵死亡的柏樹，翠綠成蔭，是旅客抵不住陽光避熱的好地方。

陵墓主體的東西兩側各有座一模一樣的建築，左邊那座恰恰朝著聖城麥加的方向，是真正供教徒祈拜和集會的清真寺，另一邊的相同建築，只不過是一種平衡的設計，並未有清真寺的功能。

導遊順著筆直的水道，把我帶到大理石水池旁，指著面對泰姬陵的一條長石凳表示，一九九二年英國戴安娜王妃到訪時，就坐在石凳上留下倩影。細想古今兩位王妃皆是紅顏薄命，真教人不勝唏噓。

二〇一六年五月，我重遊舊地。這趟幸運地下塌在泰姬陵園區內的酒店，房間正對著泰姬陵，讓我能像沙賈汗般遠觀這座純白的奇跡，也使我多次近距離欣賞到日出、日落的美景，總算圓了心願。

從導遊的口中我這才知道原來沙賈汗當年建造陵墓時，並沒有強徵工匠和勞役人民，而是到處招聘勞工自願來為工程服務。由於整個建造過程持續二十二年，兩萬多工匠攜家帶眷就地築起民房群聚而居，附近的村落就順勢而生。直到現在，泰姬陵周邊的村落，據說居民大部分是當年工匠們的後裔呢！

關於泰姬陵，我曾聽過一個駭人的傳聞，泰姬陵完工後，沙賈汗下令把所有參與建造的工匠斬手和剜眼，以防日後他們再為他人建造一座同泰姬陵般完美無瑕的建築。導遊斬釘截鐵地回答我，此乃以訛傳訛，絕無歷史根據。

我留意到泰姬陵內的園亭、梯級等都與數字「二十二」劃上等號，未知是否跟建造泰姬陵花了二十二年有關，我多番向導遊詢問，卻始終沒有頭緒，只好留待下次到訪時，再來找尋答案了！

小泰姬陵

在泰姬陵北面亞穆納河畔，有一座伊蒂默德・烏德陶拉陵墓（Tomb of I'timd-ud-Daulah），始建於一六二二年，工程在六年後的一六二八年完成。因為外觀風格與泰姬陵十分相似，所以有「小泰姬陵（Baby Taj）」之稱。

真沒想到四百多年前，已經有A貨出現，我相當好奇，也想看個清楚，便從泰姬陵往北，才過了橋就到達小泰姬陵。雖說它也是古蹟和旅遊景點，但遊人非常少，顯得有點冷清，但也因此讓我可以較為悠閒地遊覽這個地方。

我閱讀陵墓前的介紹資料，發現這陵墓的主人一點也不簡單！它是莫臥兒帝國第四任君主賈汗吉爾（也就是沙賈汗的父親）的妃子努爾・賈汗（Nur Jahan）為她的父母所修建的墓室，妃子的父親（Mirza Ghiyath Beg）是波斯貴族，當過賈汗吉爾的首相，在當時也是權傾一時的重要人物。

雕飾精緻的伊萬式拱門

左：伊蒂默德・烏德陶拉陵墓有「小泰姬陵」之稱
右：紅砂岩大門的樣式與泰姬陵大門類似

陵墓屬於莫臥兒風格的建築，四面的紅砂岩大門樣式各有不同，但都與泰姬陵的大門非常類似。進入大門後是一條筆直的通道和水槽，不過其中並沒有水，通道兩邊則是對稱的花坪。中央主體的墓室以大理石建造，呈四方形，四角各有一座圓頂涼亭。儘管它的高度和規模與泰姬陵相比，可說是小巫見大巫，然而不但外牆用透雕技術將白色大理石的格子圖案雕琢得極為精細，墓室內部更是首次大量運用寶石鑲貼的技術，使得整個建築猶如一個精雕細琢、華美瑰麗的大理石首飾盒。

事實上，小泰姬陵建造時間比泰姬陵還要早，從莫臥兒建築歷史去考證，小泰姬陵可算得上是泰姬陵建築設計的藍本，只不過後來的泰姬陵更青出於藍，更加優美典雅。這一大一小兩座泰姬陵，正代表莫臥兒帝國前後兩代精湛的建築工藝。

1：墓室內部大量運用寶石鑲貼的技術

2：寶石拼貼

3：墓室內部大量運用寶石鑲貼的技術

世界文化遺產古城

截至二〇一六年七月為止，印度擁有三十五項世界遺產，在亞洲僅屈居於中國的五十二項之下。我幾趟前往印度，拜訪了其中的十多項，見證三千多年前的古蹟和三百多年前壯偉的建築群，它的文明程度和精湛的建築藝術，著實令人為之佩服驚嘆。

印度旅遊金三角之一的阿格拉是座擁有三項世界文化遺產的古城，其中聞名遐邇、最為人熟識的就是泰姬陵，餘下的兩個分別是阿格拉堡（Agra Fort），以及「勝利之城」法特普希克里城（Fatehpur Sikri）。

莫臥兒帝國簡介

阿格拉距離首都新德里約兩百多公里，位置在亞穆納河以南的下游地帶，歷史相當悠久，公元前三世紀就以Agrabana名字記載在古印度的史詩《摩訶婆羅多》（Mahabharata）中。歷史上，阿格拉與莫臥兒帝國的關係非常密切。在一五二六到一六五八年之間，阿格拉一直作為莫臥兒帝國的首都。

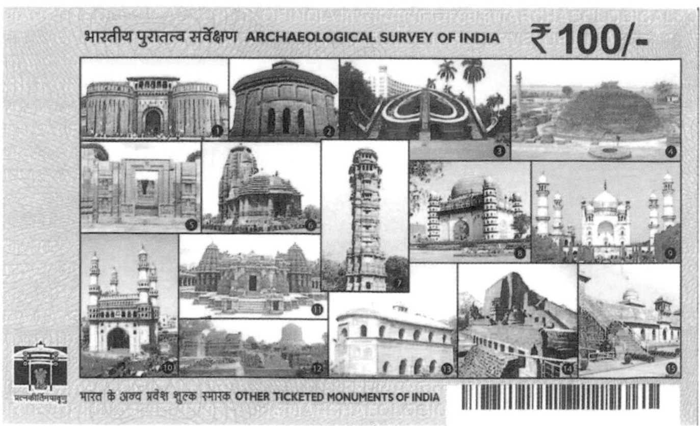

上、中：世界遺產景點門票

下：非世界遺產景點門票

前面談到齋浦爾數個景點和泰姬陵時，「莫臥兒帝國」這個詞彙曾提起過好幾次，現在講到阿格拉，就不免要先將莫臥兒帝國（Mughal Empire）好好解釋一番。

雖然印度有五千六百多年的歷史，比中國歷史稍長，不過並沒有系統的文字記載，而是經由口述把神話和故事串連起來，傳承歷史，因此研究印度歷史較有難度和局限性。印度的歷史中，最具有影響力的主要有三個朝代：孔雀王朝（Maurya Empire）、笈多王朝（Gupta Empire）和莫臥兒帝國，三個朝代都幾乎將印度統一，其餘的時間則大部分都處在分裂割據和戰爭的紛亂局面。

莫臥兒帝國統治印度達三百多年（一五二六年至一八五八年），開國君主是巴拔大帝（Emperor Babur，或譯為巴布爾），巴拔是成吉思汗和帖木兒的後裔，信奉伊斯蘭教。一五二六年，巴拔在帕尼帕特戰役中打敗了當時的統治者，德里蘇丹國第五個王朝——洛迪王朝之後稱帝，並定阿格拉為首都。

帝國前期的六位皇帝較為著名，除了第一世的巴拔外，接下來的胡馬雍（Humayun）、阿克巴（Akbar）、賈汗吉爾（Jahangir）、沙賈汗（泰姬陵建造者）和奧朗則布（Aurangzeb）在位這段期間，帝國是處於興盛的狀態。然而奧朗則布之後的君主多半昏庸無能，加上歐洲列強環伺，以及英國的控制，莫臥兒帝國愈加衰落，直至一八五八年，英國的維多利亞女王被封為印度女皇，莫臥兒帝國宣告正式滅亡。

在前期六任君主中，除了阿克巴曾短暫將首都遷往法特普希克里城和拉合爾、以及沙賈汗後期遷都至德里外，多半時間都以阿格拉為首都。作為莫臥兒帝國最輝煌時期的首都，當時的頂尖建築依然屹立在阿格拉城中，為世人留下了寶貴的遺產。

三項文化遺產中，我已參觀過泰姬陵，自然不能錯過另外兩處。

紅堡——阿格拉

我乘車直抵阿格拉堡，城堡建在亞穆納河畔一座小山丘上，隔著河與泰姬陵遙遙對望。呈半圓形的城堡被綿延二點五公里的赭紅色城牆圍住，整個城堡面積約占地一點五平方公里，全部採用紅色砂岩建造，所以又叫做「紅堡」。阿格拉的陽光很猛烈，映照在紅砂岩城牆上，刺得我的眼睛都有點痛了。

它本來是洛迪王朝的碉堡，阿克巴大帝在一五六五年攻克碉堡，把王朝消滅後，將城堡變為政治權力中心，並在碉堡原先的基礎上繼續擴建和加固，接下來歷任統治者也按照自己的喜好，

阿格拉堡的阿馬辛格門為旅客進堡參觀的入口

添加白色大理石材料和其他裝飾，使得城堡不但更增豔彩，還逐漸由單純防禦變成了皇宮，成為具有雙重功能的城堡。

紅堡共有兩座主要城門，只有南邊的阿馬辛格門（Amar Singh Gate）對旅客開放，西邊另一座德里門因屬軍事重地，並未對外開放。

城堡由一道既深且寬的護城河拱衛著，過去護城河內布滿凶殘的鱷魚，一旦敵人誤闖禁區，成群的鱷魚就蜂擁而上，迅即把入侵者活生生撕裂。高牆上「片月低城堞」，遍布密集的城垛射孔，讓守城將士得以躲藏並進行射擊，務使來犯的敵人插翅難逃。整體而言是一座固若金湯、易守難攻的堡壘。

進入城門，經過一段曲折步道，迎面是兩個高二十多米的圓筒形塔樓，像一對莊嚴威武、護衛城堡的衛兵，模樣令我聯想到我在愛

左：高二十多米的圓筒形塔樓

右：過去護城河內布滿凶殘的鱷魚，高牆上「片月低城堞」，遍布密集的城垛射孔

爾蘭鮑爾斯考特莊園見過的胡椒罐塔樓（Pepper-Pot Tower）。

導遊介紹，紅堡在鼎盛時期曾有五百多座建築物，經過時間和戰亂的摧殘，許多建築已經損毀，而堡內還有一部分屬軍方禁區不得進入，因此偌大的城堡便挑選幾個重要必遊的建築。我有如劉姥姥入大觀園般跟隨著導遊，鑽進紅堡這座「迷宮」裡。

賈汗吉爾宮的巨大浴盆

我們踏上一條斜坡，兩邊高聳牆壁非常光滑，我按導遊的指點，站在特定位置，雙手鼓掌，頓時產生回音的效果。此舉引起旁邊旅客的注意與效法，掌聲和呼叫聲在斜坡通道內此起彼落，好不熱鬧。

賈汗吉爾宮，以及宮殿前面以整塊石頭雕成的巨大浴盆

穿過了「回音壁」，映入眼簾的是一片碧草如茵和一座對稱式設計的賈汗吉爾宮（Jahangir's Palace），紅砂岩外牆襯上白色大理石的花邊，裝飾大方美觀，樓頂左右兩端各有一座圓頂涼亭。宮殿是阿克巴大帝為獨子賈汗吉爾所建，誇張的是宮殿前面有個以整塊石頭雕成的巨大浴盆（Hauz-i-Jahangiri）。傳言賈汗吉爾有個習慣，每次外遊都會帶上它，我聽了真有點哭笑不得。

阿格拉堡和早先參觀過的齋浦爾琥珀堡一樣，有一座觀見大廳（Diwan-i-Am，又叫公眾大廳）。大廳是大理石構造，開放式通風的設計，是阿克巴大帝與群臣議事和接見百姓的地方。後面另有一座私人大廳（Diwan-i-Khas），這裡是帝王接見外賓和貴族的地方。大廳內原本有一個以珠寶、黃金等製成、極

白色大理石建造的珍珠清真寺

端奢華的王座，頂端有兩隻孔雀的裝飾，被稱為孔雀寶座，是沙賈汗時建造，並成為之後莫臥兒帝國的王座。寶座在遷都時轉移到德里，然而一七三九年波斯國王攻入莫臥兒帝國後，寶座被當作戰利品帶回波斯，待該國王過世後，寶座從此下落不明。廳外還有一塊黑色大理石石板，外圍刻著花紋，據說是賈汗吉爾作為王子時的寶座。覲見大廳和私人大廳的風格相似，牆壁和天花都有精細的雕刻，非常講究。

後宮花園

阿格拉堡內有三個清真寺，覲見大廳附近是白色大理石建造的珍珠清真寺（Moti Masjid），在紅砂岩的建築中非常醒目。珍珠清真寺旁還有個納金清真寺（Nagina Masjid），

莫臥兒風格的安古利巴格花園，由四組方形的花圃組成

又叫寶石清真寺，也是大理石建築，專供後宮妃子禮拜，所以門庭深鎖，她們只能透過鏤空的窗花偷偷窺視外界。米納清真寺（Mina Masjid）接近私人大廳，是一個非常小型的清真寺，據說是沙賈汗私人使用。這幾個清真寺目前都不對外開放，只能從外窺探一二。

莫臥兒風格的安古利巴格花園（Anguri Bagh）由四組方形的花圃組成，砌有不同的幾何圖案，據說以前種有葡萄和玫瑰花，因此稱作葡萄園，且每當玫瑰盛放時，園內更是花團錦簇，美不勝收。花園中間還有一座水池，這塊區域是後宮妃嬪乘涼活動的天地。

庭院外是一組白色大理石建築，面向亞穆納河，是沙賈汗為兩個女兒而建的哈斯馬哈勒宮（Khas Mahal），兩邊是對稱的宮殿，中間連結的迴廊有著金光燦爛的穹頂，十分顯眼，

上：哈斯馬哈勒宮牆面的雕飾
下：中間連結的迴廊有著金光燦爛的穹頂

八角塔內部，中央為噴泉

迴廊是欣賞城堡外景色的最佳場所，我自然也聽從導遊的建議，入內觀覽一番。

可歌可泣的痴情故事

最有意思的是「夏宮」虛什馬哈勒宮（Shish Mahal/Sheesh Mahal），同齋浦爾的琥珀堡一樣，它也是座鏡宮。室內開放的空間不大，光線略感陰暗，宮內全部牆壁都鑲嵌鏡片和寶石，利用它的反光來照明。宮殿中央有水道連接著水池和噴泉，利用噴水製造出涼意，藉此降低高溫暑氣，極有巧思。

導遊最後領我到一座白色大理石的宮殿，上方有個金頂的八角塔（Musamman Burj），這兒是旅客必到之處，而且一定要耐心聽導遊講故事。沙賈汗遭到兒子奧朗則

八角塔可遠眺二十公里外的泰姬陵

布篡位後，便被軟禁於八角塔，直到過世，長達八年的時間（一六五八年到一六六六年）。這段期間，沙賈汗思念愛妻，每天就站在八角塔內遠眺二十公里外的泰姬陵。聽說老帝王的晚年更可悲，他體弱多病，已經不能起身走到窗前遠望，仍然堅持憑著一顆鑽石上的倒影反射，來觀看對岸的泰姬陵。這一段可歌可泣的痴情故事，讓大家聽完之後，都不禁同情惋惜，為之動容。

隨著莫臥兒帝國的衰落，阿格拉先後經過多次入侵破壞，阿格拉堡也難逃一劫，堡內許多珍貴寶物，以及牆壁上鑲嵌的寶石等等，被劫掠一空，並留下許多頹垣敗瓦。然而僅靠著部分遺留下來的古蹟，仍能夠讓我們遙想它昔日的輝煌，緬懷盛世的榮耀。

阿格拉與阿克巴大帝

旅遊途中，我愛與導遊交談，一來可解悶，另一方面可以瞭解更多書籍以外的知識。在我的瞭解中，莫臥兒屬於蒙古人的血統，算是入侵印度的外族，不過大多數印度人對王朝非常推崇，尤其對阿克巴大帝更加尊敬與愛戴。導遊們在途中侃侃而談，不時增加我對阿克巴大帝的瞭解。

由於父親胡馬雍意外過世，阿克巴繼承帝位時才不過十四歲，當時帝國的情勢極不穩固，正面臨阿富汗人喜穆的軍事威脅。他在如師如父的攝政王拜拉姆汗的協助下，一五五六年十一月五日，在德里北方九十公里外的帕尼帕特與阿富汗人開戰。阿克巴的兵力僅有一萬人，面對的是擁有五萬多兵力、一千頭大象和大炮的喜穆，雙方軍力可說相當懸殊。阿克巴組織了一支弓箭神射手，擒賊先擒王，把喜穆的眼睛射瞎，致使敵軍群龍無首，最終大敗，喜穆亦被活擒處斬。此役阿克巴以弱勝強，從此威名遠播，為莫臥兒帝國奠定穩固的基礎。接著他更勵精圖治，征戰連年，不斷提升印度的國力，擴張帝國的版圖，在位期間成就莫臥兒帝國最輝煌的盛世。

我還聽導遊說，阿克巴大帝是一個目不識丁的文盲，卻懂得治國之道，對內對外都是鞭子和糖果兩種手段恩威並濟，先用武力統一印度北部和高原地區，再以寬容的手段釋放被俘的地方首領，贏得各地部族的擁戴。

阿克巴本身是伊斯蘭教徒，卻對宗教採取寬容的態度，平等對待不同的宗教。他甚至娶了拉杰普特王室的公主，拉杰普特人是印度的尚武民族，信奉印度教，聯姻融合了兩個教派的感情，再加上開明的政策，例如廢除向非伊斯蘭教徒徵收的人頭稅、容許地方保留印度教廟宇等措施，更加消除拉杰普特人的敵意，願意與他結成友好同盟。有了驍勇善戰的拉杰普特人加入，阿克巴的武力更上層樓，也更促進了莫臥兒版圖的擴張。

阿克巴還自創一個神聖宗教「丁・伊・伊拉黑（Din-e-Ilahi）」，融合伊斯蘭教、印度教、基督教和拜火教的教義，奉行一神論，崇拜太陽、不吃肉、行善、允許寡婦改嫁、廢除寡婦殉葬的陋習等，而他成為神與人之間的代理人。在當時，他的思想是非常前衛的。

除了宗教措施外，他更進行國家政策的改革，包括賦稅制度、統一度量衡和貨幣，減輕人民負擔，促進經濟發展。此外他還建立中央集權制度，用「曼薩布達爾制度（Mansabdari）」將政府官員授予軍階，不同軍階可以指揮不同人數的部隊，高級的指揮由貴族、王子擔任，將行政轉為軍事組織，提高軍隊的戰鬥力。他在宮內設立圖書館，收集各種書籍，召集有新思想、新思維的人來到宮內，為他講解政治、文化等理論，並且積極將各種想法付諸實現。在他近五十年的統治期間，印度的文化，無論在藝術、音樂、建築和學術等方面，都呈現欣欣向榮的新氣象。

印度的旅途結束後，我翻閱一些關於阿克巴大帝資料和事跡，偶然看到一部二〇〇八年印度寶萊塢的大製作《阿克巴大帝》（Jodhaa Akbar，臺灣譯為《帝國玫瑰》）。該電影把阿克巴的故事搬上大銀幕，電影製作認真考究，戰爭場面聲勢浩大，有點荷里活（臺灣譯為好萊塢）電影的架勢。尤其電影在齋浦爾的琥珀堡、阿格拉堡以及法特普希克里城內實地拍攝，令電影更有真實感。

我先後兩次前往齋浦爾和阿格拉旅遊，對每個遺跡景點都曾留下印象。電影將曾經發生過的歷史事件與實際場景相結合，在影片中見到熟悉的城堡公眾大廳、私人大廳、庭園、王室妃嬪的活動場地等等，當初旅遊時的畫面一一重現眼前，對它們的印象就更為深刻了，也更增添了對印度歷史的興趣。

尋找勝利之城的昔日風采

印度有三大紅堡，除了阿格拉堡外，還包括德里紅堡，以及「勝利之城」法特普希克里城。這天，我首次搭上印度的公車，從阿格拉市區前往約四十公里外的法特普希克里城遺址，它同時也是電影《阿克巴大帝》的拍攝場地之一。

在兩個小時搖搖晃晃的車程中，沒有空調，車廂內高達攝氏四十多度，滾滾熱浪迎面而來，實在令人昏昏欲睡。中途在希克里村（Sikri）轉換公車，我把握機會多呼吸幾口窗外的空氣，清醒清醒頭腦，然後繼續上路。

一路上經過破敗不堪的小鎮、村莊和市集，而從希克里村往前，更只見一堆堆殘垣敗瓦，我心想皇城遺址也不外如是，大概沒什麼可取之處。

勝利之門側面，可看出建築的獨特風格

左：透過重重的門拍攝進去，呈現美麗的視框
右：站在城門下，頓覺人類的渺小

氣勢懾人的勝利之門

誰知臨近遺城，抬頭一看，一座建在陡峻山脊上的巨大城門聳立眼前，氣勢震撼懾人。它是古城的主要入口，也是清真寺的寺門，稱為「勝利之門」（Buland Darwaza），是為紀念阿克巴大帝打敗古吉拉特人（Gujarat）而修建。城門的材料是紅色砂岩，高五十四米，門楣和兩側雕刻古蘭經文，鑲嵌白色大理石圖案，上方還有大大小小的圓頂涼亭。光是登上幾十級階梯就要花不少氣力，我站在城門下，仰望巍然矗立的大門，頓覺自己的渺小。不過一回頭居高俯視下方的村莊，卻有種大地在我腳下的感覺。

法特普希克里城曾經是莫臥兒帝國的第二個首都，由阿克巴大帝建造，一五六九年動工，一五七一年完成，是一座融合印度、波斯和伊斯蘭風格的城市，皇城內擁有皇宮、清真寺等建築群。然而這地區

左：廣場上提供教徒淨足的水池
右：透過重重的門拍攝進去，呈現美麗的視框

經年乾旱，無法解決水源問題，生活不便，僅僅十四年就被棄置，一五八五年首都遷到拉合爾。也由於使用時間很短的緣故，皇城保存得相當良好。

昔日阿克巴大帝煩惱於沒有子嗣，拜訪希克里的聖者謝赫薩利姆奇什蒂（Shaikh Salim Chishti），聖者預言他將得子，果真隔年兒子便誕生，阿克巴不但以聖者的名字為長子取名Salim，也就是日後的賈汗吉爾，並按聖城麥加清真寺的樣式，在聖者居所附近建起一座賈瑪清真寺（Jama Masjid），面積約一千多平方米，中央為正方形的大廣場，四面由高大的迴廊環繞，迴廊頂端也有一座座整齊的圓頂涼亭。

穿越勝利之門，就進入清真寺範圍，參觀者必須脫鞋淨足，我並未進入寺內參觀，不過光著雙腳踏在被烈日曬得發燙的紅砂岩地板上，實在非常難熬。

左：聖者謝赫薩利姆奇什蒂的墓室為純白大理石的建築

右：大理石牆壁鑲嵌著精美的彩色花紋圖案

繫上黃絲線，寄託念想

廣場上除了提供教徒淨足的水池外，一側則有座純白大理石的建築，在紅砂岩的環境中，特別顯眼。它建於一五八一年，是阿克巴大帝為聖者謝赫薩利姆奇什蒂所建的墓室。據說求子非常靈驗，每天吸引不少信徒前來膜拜，祈求添子添福。

我跟著信徒們進入墓室探個究竟。墓室分內外兩重，內室幾面大理石牆壁鑲嵌著精美的彩色花紋圖案，中央放置聖者的石棺。我跟隨人流繞石棺轉了一圈，接著恭恭敬敬地將鮮花和絲綢彩巾放上石棺，最後一個環節是在一面透光的鏤空窗格上繫上黃色絲線，藉此寄託每個人的念想。我見到許多虔誠信徒不停誦經禱告，便也隨之誠心默禱一番。

1：在一面透光的鏤空窗格上繫上黃色絲線，藉此寄託每個人的念想

2：不時可見人影試圖透過窗格觀看或拍攝內部，甚是有趣

3：私人大廳中央石柱的雕刻

4：法特普希克里城的私人大廳

1：柱頭、柱身和柱基的雕刻圖案各代表印度教、伊斯蘭教和耆那教，代表「三教合一」

2：石柱頂端斗形座基上方是阿克巴的寶座

3：基督教皇后的宮殿

4：私人大廳看向風之宮

5：伊斯蘭教皇后的宮殿

墓室的外層四周牆壁皆為透雕的鏤空窗格，外頭的景物呈現一種半透明的朦朧感，多了一重神祕藝術氣息。不時可見人影試圖透過窗格觀看或拍攝內部，甚是有趣。

法特普希克里城宮殿區

我從寺門前拾回自己的鞋子後，穿過東面的國王之門（Shahi Darwaza）前往毗鄰的宮殿區。此區是法特普希克里城最龐大的宮殿群，導遊說宮殿群的建築藝術絲毫不比泰姬陵遜色，如果說泰姬陵是一個點，那麼皇城就是一個面。早前在阿格拉堡看到大部分的建築都是完全對稱的，而這裡卻融合多種不同建築風格，包括獨特的非對稱建築。

由於曾參觀過齋浦爾和阿格拉的宮殿，我對印度宮殿的布局有大致的了解，基本上都有大草坪花園、皇帝處理日常政務與大臣論政的公眾大廳，和接見外賓的私人大廳。

法特普希克里城的私人大廳頂端有四個圓頂涼亭，但最大的特色在於廳內聳立一根紅砂岩石柱，巨大而雕刻精緻，柱頭、柱身和柱基的雕刻圖案各代表印度教、伊斯蘭教和耆那教，有「三教合一」的意思，正符合阿克巴大帝對於宗教開明的態度。石柱頂端有個如斗形的座基，上方為阿克巴的「寶座」，四條狹長的雕花石橋向外伸延出去，連接大廳的四個角落。從前阿克巴大帝就是在寶座上與站在石橋末端房間的大臣和學者議政論事，電影《阿克巴大帝》中就曾有一幕這樣的情節。

左：宮殿中央的觀賞水池是後宮佳麗和樂師的「表演舞台」

右：印度教皇后的久德哈拜宮

信仰風格的宮殿建築

私人大廳外有一座顯著的五層開放式結構建築，叫做風之宮（Panch Mahal），是阿克巴大帝與皇后和後宮妃子們娛樂休閒的場所。它特別之處是一層比一層縮減，到頂層只有一座小涼亭。最底層由八十四根柱子支撐，每層的支撐柱數目不同，整棟風之宮總計合一百七十六根柱子。

傳說阿克巴有三位信仰不同宗教的皇后，分別是來自果阿（Goa，位於印度西岸）的基督教皇后、來自土耳其的伊斯蘭教皇后，還有來自齋浦爾拉杰普特王室的印度教皇后，後者也是賈汗吉爾的母親。在宮殿區內，阿克巴為她們興建了三座不同外型和風格的皇后寢宮，牆飾、雕花、壁畫都按不同宗教的風格而繪製，可謂費盡心思。其中印度教皇后的久德哈拜宮（Jodhbai's Palace）是面積最大的一間。

1：藏寶室門廊梁上的雕刻非常有特色

2、3、4：牆上精細的雕刻藝術

左：離開勝利之城後經過的市集

右：遇見路邊做工藝品的人

此外，宮殿建築群還包括阿克巴的寢宮、中心廣場、棋盤廣場和後宮廣場等等，以及一座供皇帝、皇后們玩耍的迷宮（Ankh Micholi），另有一說這建築是用來作為藏寶室。宮殿中央的觀賞水池（Anup Talao）有如八陣圖的設計，是後宮佳麗和樂師的「表演舞台」。

從阿格拉堡內莫臥兒帝國不同時期的建築作品來看，我原本認為阿克巴大帝時代的建築相較起沙賈汗時期白色大理石的雕刻和鑲嵌技術，顯得粗獷而較不細緻，但勝利之城內許多精細的裝飾、雕花卻證明了那時代的建築藝術能力，不容低估。也幸而遺城相當完好地保留它原本的面目，讓後人得以更加認識阿克巴大帝時代的建築藝術與設計。

西北大漠中的美麗城市

印度西北方的沙漠之邦——拉賈斯坦邦擁有四座美麗色彩的城市，分別是粉紅之城齋浦爾、白色之城烏代浦爾、藍城久德浦爾和金城齋沙默爾。這一次，我將入住白城皮丘拉湖中央的湖宮酒店，探訪最閃亮的城市宮殿，轉而到藍城岩山上的「天空之城」梅蘭加爾城堡……

飄浮在碧波的宮殿

烏代浦爾（Udaipur）是一座以白色建築為主體顏色的城市，與齋浦爾、久德浦爾（Jodhpur）大漠的粗獷風格截然不同，這兒遠離大沙漠，林木蔥鬱，湖泊眾多，群山環繞，風光旖旎，又稱為「湖城」，公認為印度大陸上最浪漫的城市。

未曾臣服王朝的烏代浦爾

一五五九年，當時的梅瓦爾王國（Mewar）大君烏代・辛格二世（Maharana Udai Singh II）為了逃避阿克巴大帝的侵略，被迫放棄原來的首都奇陶加爾（Chittorgarh），帶領部族翻過阿拉瓦利山脈，最終來到皮丘拉湖畔（Lake Pichola）山谷，建立了烏代浦爾，並在外圍依山勢修築起城牆，抵禦外族的入侵，使其成為一座易守難攻的城市。烏代浦爾始終未真正臣服於莫臥兒王朝和英國殖民帝國，一直維持獨立自治的地位，直到一九四七年印度獨立，才與附近幾個王國合併成拉賈斯坦邦。

皮丘拉湖可說是烏代浦爾的靈魂所在，湖的面積原本沒有那麼大，烏代・辛格二世建城後，把附近大大小小的天然湖泊與附近皮丘拉村（Picholi）的人工湖連成一體，擴大成波光瀲豔的皮丘拉

左：皮丘拉湖可說是烏代浦爾的靈魂所在，湖上散布造型各異的遊湖觀光船隻
右：湖邊可見城市宮殿建築群

湖。如今湖泊長四公里、寬三公里、最深約八米。一九八三年拜一部電影《鐵金剛勇破爆炸黨》（Octo-pussy，臺灣譯為《八爪女》）所賜，在皮丘拉湖取景拍攝，將這座小城帶往世界，從此成為旅遊人士趨之若鶩的度假勝地。不過若遇乾旱季節，嚴重時湖面驟然下降，甚至會出現乾涸現象，那個時候景色就會大打折扣了。

入宿湖宮酒店

我早就對皮丘拉湖中央的白色宮殿神往不已，它建築在湖中的傑格尼瓦斯島（Jag Niwas Island）上，是昔日拉賈斯坦邦王公的避暑夏宮，始建於一七四三年，印度獨立後，因為要長期承擔高昂的維修費用，王室遂在一九六三年將湖中宮殿改裝成為「湖宮酒店（Lake Palace）」，藉此增加收入。

上：湖宮酒店的接待大門其實是臨湖畔的專用碼頭
下：一九六三年，湖中宮殿改裝成為「湖宮酒店」

上：湖宮酒店的房間陳設
下：精細的壁面貼飾

既來到白城，我實在很想感受一下印度王公貴族的氣派，於是請臺灣旅行社陳總設法安排。要知道湖宮酒店除了價格不菲外，房間僅有八十三間，經常爆滿，通常需要提前半年預訂。不過我這次前來是在五月，天氣酷熱且非旅遊旺季，僥倖地訂到房間，滿足了我的要求。

湖宮酒店目前由泰姬瑪哈酒店與假日宮殿公司集團所經營，提供一條龍的完整服務，先準備豪華的美國道奇（Dodge）老爺車在機場迎接我的到來。往返酒店的車程很短，不知是老爺車的緣故，還是司機刻意放慢車速，全程時速保持在二十公里內，穩定而緩慢，但也因此讓我有機會欣賞城市的景色，對它的第一印象是比其他城市乾淨多了。

湖宮酒店的接待大門其實是臨湖畔的專用碼頭，是一座玻璃接待屋，只允許住客進入，又要通過嚴密的安檢才能夠登上碼頭。接待員為我灑下如雨一般的紅玫瑰花瓣，讓我感受到歡迎的熱情，接著便乘坐專用的遊艇前往湖中央的酒店。

湖水相當清澈，湖面水平如鏡，倒映著藍天，湖邊是一座座白色宮殿和平房，美不勝收，讓人彷彿走進了畫卷中。離湖宮酒店稍遠一點，可以見到另一座加格曼狄爾島（Jag Mandir Island），島上另有一座「島之宮殿（Jag Mandir Island Palace）」，同樣也是從宮殿變身為酒店，它只有二十八間房間，較湖宮酒店規模小，不過建造時間在一五五一年，比湖宮酒店要早得多。

船長先駕駛遊艇繞湖一圈，讓我們欣賞湖畔風光，見識岸上聞名遐邇的城市宮殿（City Palace）

和季風宮（Monsoon Palace），還有湖邊生活步調緩慢的居民們。之後我正式踏上這間莫臥兒風格、用純白色的大理石築成的宮殿，又一次受到酒店貴族式的接待。幾位穿著精美紗麗、笑面迎人的女服務員獻上花環，帶領我穿過寬敞亮麗的大堂，以及蜿蜒的拱廊。抬起頭，宮殿上方有幾座別緻的圓頂涼亭。中庭花園和泳池正是電影中特務007邂逅美女的實景，悠閒慵懶的氣氛，無論是在躺椅上享受陽光，或是在池中暢泳，都感到舒適愜意。

湖景的房間十分寬敞，氣派大方，華麗而不俗氣，精緻的木雕家具、牆上掛氈和厚實地毯的圖案皆為古典或印度風，門、窗、天花板和牆壁上的飾條是相當雅緻的花卉植物圖樣。每個角落，都是一幅美麗的畫面。窗邊設了坐臥榻，可以悠哉地斜倚窗台，盡覽湖上風光。

島之宮殿，同樣也是從宮殿變身為酒店

左：島之宮殿的高塔
右：島之宮殿內部的大象壁畫

島之宮殿酒店以大象為主題

凡是入住湖宮酒店的房客，皆可以免費遊覽加格曼狄爾島上的島之宮殿。因此待我逛遍了整座酒店後，便再度乘遊艇到島之宮殿。該處除了建造材料同樣是白色大理石外，尤其以大象雕塑為主題，酒店的側面是一排巨大的石象。除此之外，露天花園有一座用藍灰砂岩蓋起來的高塔（Gul Mahal）。恰逢夕陽斜照，我登上塔樓，望著被落日映成金黃一片的湖面，更覺氣氛浪漫。

我留宿的這幾天都是早出晚歸，可惜無法盡情享受酒店的貴族式服務。不過這晚夜幕低垂時，我在花園中觀看了一場專為住客安排的傳統舞蹈。兩位女舞者身穿色彩鮮豔的長袍，戴著閃亮的裝飾品和頭巾，隨著琴聲鼓聲翩翩起舞。與此同時，酒店點亮了所有的照明，燈光的顏色不斷變化，宮殿倒映在湖面上泛起五彩粼粼波光，相當動人。

白城故事

一連幾天我逗留在烏代浦爾，天氣悶熱非常，我不得不取消登上季風宮的計畫，改道前往皮丘拉湖北面的法特・沙迦爾湖（Fateh Sagar Lake），湖邊有個侍女光榮花園（Saheliyon-ki-Bari）。

花園建於三百多年前，是昔日王室專為王后和妃嬪而建的避暑休憩園林，園內綠草如茵，林蔭處處，通道種滿棕櫚樹，還有灑水的設備，因此走進園內有一種清涼的感覺，暑氣全消。花園中央是個自動噴水池，池中則有座純白的圓頂涼亭。此處每逢假日就成了情侶手牽手談情說愛的浪漫場地。據說每當雨季過後，園內繁花似錦，景色更加美麗。

侍女光榮花園內綠草如茵，通道種滿棕櫚樹，灑水設備讓人感受清涼

石象和池邊噴出水柱，把遊客嚇了一跳，原來是園丁給的意外驚喜

花園後方還有一座更大的荷花池，四頭石象各據一方。當我走近時，石象和池邊自動噴出水柱，險些把我的衣服鞋襪都弄濕了，意料之外的情況嚇了我一跳。後來我才知道荷花池的噴水是人為操作，是導遊故意安排的，當我走近荷花池時，園丁才扭開水閥，讓水噴出來，目的是為了給我意外驚喜，當然，也為了博取額外的小費。

奇陶加爾古堡的悲壯過往

白城有充滿浪漫的一面，背後卻隱藏著一段可歌可泣卻鮮為人所留意的悲壯故事，發生地就在百公里外的奇陶加爾（Chittorgarh）。這裡有全拉賈斯坦邦最華偉宏闊的古堡，矗立在一百八十米的山坡上，占地達兩百八十公頃，因為地處戰略位置，歷來是兵家必爭之地。要想登上堡壘，需要駕車行駛一公里長的「之」字形山路。我受不了炎夏的暑氣蒸騰，未打算上古堡參觀，便選擇在午餐時間聽導遊細說當年。

古堡曾經三度見證拉賈斯坦邦拉杰普特人的慘烈戰事。第一次戰爭發生在一三〇三年，德里蘇丹國第二個王朝——卡爾吉王朝垂涎奇陶加爾城王后帕美尼（Padmini）的美色，於是揮軍攻城，王后與其他的女性盛裝之後自焚身殉，這個儀式叫做Jauhar，古堡的男性則騎馬衝出古堡赴死。

第二次屠城發生在一五三五年，古吉拉特蘇丹國的巴哈度爾（Bahadur）率兵圍城，城堡被攻破前夕，守城的三萬兩千名勇士騎馬出城殉難，而留下來的一萬三千名婦女則全體執行Jauhar自焚犧牲。

最後一役發生在一五六七到一五六八年，莫臥兒的阿克巴大帝大軍壓境。當時梅瓦爾王國的大君烏代・辛格二世已帶領部族撤離，前往烏代浦爾，留下的八千名守城勇士在城堡淪陷時衝出城外戰死，城內婦女以Jauhar自焚而死的不計其數，場面的慘烈和悲壯令人聞之撼動。自此古堡落入莫臥兒王朝的掌控，直到一六一六年，才由賈汗吉爾交還給拉杰普特人，此時的城堡已是無人居住的空城。

今日城堡遺址依舊，人事全非。除了城門、城牆與部分宮殿的遺跡外，堡內還有兩座保存得較完整的高塔，以及印度教和耆那教的建築。導遊表示夜晚登塔頂俯瞰全城，景色令人著迷。不過一般來說旅客並不熱衷登堡參觀，大家的重點還是集中在烏代浦爾的湖畔一帶。

皮丘拉湖畔的城市宮殿

回到白城，我先到印度教的加格狄許神廟（Jagdish Mandir），這裡號稱為全市規模最大、香火最旺盛的神廟，供奉的黑石神像是印度教三大主神之一的毗濕奴，還有一尊毗濕奴的坐騎大鵬金翅鳥迦樓羅（Garuda）。遊印度廟有嚴格的規定必須遵守，例如進入需要脫鞋，且不准拍照。

白城最精彩的部分，非皮丘拉湖畔的城市宮殿莫屬了。此處被稱為是白城一顆閃亮的明珠，由十一座宮殿建築群組成，融合了拉賈斯坦邦和莫臥兒兩種建築風格，是整個拉賈斯坦邦內規模最浩大的宮殿。

左：正前方為三重門，右側為瑪來中庭
右：遊客穿過連接宮殿和中庭之間的蜿蜒通道，一間接著一間參觀

一五五九年，由當時的大君烏代•辛格二世下令建造。四百多年來，歷屆的大君不斷修築擴建，把宮殿的正面宮牆延長到兩百四十四米長和三十多米高。

通過森嚴的門禁，進入大門（Bara Pol）後的左側有八道拱門，是為紀念大君們曾在這裡量過八次體重而建，聽說量體重是為了按他們的重量分發等量的黃金、白銀給當地的窮人。接著穿越巨型的三重門（Tripolia Gate），來到宮殿的主庭院——瑪來中庭（Manek Chowk），中庭截至現在仍為城市節日慶典活動、遊行的廣場，也提供作為辦婚宴的場地。

宮殿占地面積太大，庭院和房間數量眾多，我不得不緊跟導遊，以防走丟。我們穿過連接宮殿和中庭之間的蜿蜒通道，一間接著一間參觀。有的宮殿鑲滿漂亮的彩色玻璃與鏡片，熠熠生輝，有些則收藏了皇室畫像。不時可見庭院牆壁上繪製的精美壁畫，還有嵌上各種花朵圖案和馬賽克壁畫的門窗，各色各樣的精美裝飾，可說每個角落都是一處風景，讓人眼花撩亂，目不暇給。

上、下：相同的建築、不同的精美壁畫與雕飾

上：不同色調的室內陳設
下：不同造型與裝飾的門

上、下：庭院牆上的壁畫

上、下：不同風格的室內裝潢

最吸引我目光的是孔雀中庭（Mor Chowk）牆上鑲嵌的五隻色彩繽紛的孔雀，聽說每隻分別用超過五千片的馬賽克來拼貼，手工精細，孔雀造型栩栩如生。這裡是過去大君接見貴賓的地方。

水晶畫廊（Crystal Gallery）陳列許多稀有的水晶，一八七七年由當時的大君沙賈・辛格（Sajjan Singh）專程從英國的F&C Osler訂購回來，可惜運返宮殿之前，物主已仙遊了。該批水晶產品一度被封箱遺忘，過了整整一百一十年後才終於啟封面世，讓這批水晶椅子、床、沙發、桌子等稀有產品重見天日。接待大堂的天花板懸掛著多盞大型水晶吊燈，印度王公貴族的豪奢生活的確是百聞不如一見。

城市宮殿居高臨下，穿梭在不同宮殿與迴廊時，不僅可以瞭望到白色之城的市景，亦是欣賞皮丘拉湖中兩座白色宮殿酒店的最佳位置。湖中的白色建築盪漾在碧波綠水中，宛如童話世界中的仙境。

部分宮殿目前仍住著昔日大君的後裔，並未開放，後方幾座建築則都已經改為酒店，走入民眾之間，接待各地的旅客，讓大家得以親臨其地，遐想昔日的王室生活。

1：孔雀中庭牆上鑲嵌的五隻色彩繽紛的孔雀，姿態各異

2：孔雀造型栩栩如生

3：水晶畫廊一景

4：眺望白城和湖宮酒店

岩山上的城堡宮殿

翌日，為了趕到藍城久德浦爾的「天空之城」，我在拂曉前辭別了白城，發車前進。白城到藍城途中，車程需要三個小時，我們原來並沒有其他的行程計畫，導遊選擇在途中幾個著名的寺廟和宮殿停車讓我參觀，使行程更為豐富。

耆那教聖地——千柱之廟

我們走在山丘的公路上，來到第一個聖地——耆那教的千柱之廟。寺廟座落在樹林中的拉那克普爾村（Ranakpur），建於十五世紀，目前被認為是世界上歷史最悠久、規模最大的耆那教寺廟，也是該教的五大聖地之一，非常具有名氣，每年據說有成千上萬的教徒前來朝拜耆那教尊者阿迪那斯（Adinath）。耆那教是印度古宗教之一，創立於公元前六世紀左右，反對種姓制度，信奉禁欲苦行主義，提倡不殺生、非暴力，就連聖雄甘地都受到耆那教的影響。

這時天色方白，還未到寺廟開放的時間，所以我未能進寺內參觀，只能繞外圍一圈，欣賞它的建築外貌。寺廟的特色是以白色大理石當材料，由十多座龐大的建築群組成，莊嚴而神聖。導遊介

千柱之廟內外總共有一千四百四十四根大理石柱，支撐上方層層疊疊的圓頂

紹寺廟內外總共有一千四百四十四根大理石柱，支撐上方層層疊疊的圓頂，所以有千柱之廟的稱號。更令人驚嘆的是，每根石柱雕刻的花紋圖案無一重複，天花板上亦刻有完整對稱的漩渦形葉飾和花樣圖案，非常精美細緻。聽說當時為了打造這座寺廟，所花費的時間就接近六十五年，可謂慢工出細活。為了趕路，我未留待寺廟開放，就此匆匆別過。

離開千柱之廟後，我來到不遠處的法塔赫巴格酒店（Fateh Bagh），這是一座典型拉賈斯坦建築的宮殿，雖說規模不大，不過內裡另有乾坤。主人將宮殿改裝成星級酒店，單是從外面看到露台上細密雕花的窗戶，便覺細膩精美，內部的擺設雖然不及湖宮酒店那般豪氣，亦不失是一座袖珍宮殿。

1：牆角可愛的陶馬

2：宮殿改裝成的星級酒店，露台上細密雕花的窗戶，細膩精美

3：法塔赫巴格酒店的彩繪門

4：穿著整齊校服，在路邊等公車的學生

左：烏麥巴哈旺皇宮，占地達十一公頃，是全球面積僅次於英國白金漢宮的最大私人住宅
右：市集路邊堆疊的陶罐

我的車繼續前行，經過拉那克普爾村時，見到市集不少人群聚，買賣活躍，很是熱鬧。還有一些學生穿著潔白整齊的校服，候在公路上等乘校車，不過也見到更多席地而坐的行乞孩童，同在一片天空下，生活環境如此天淵之別，印度的貧富懸殊亦可見一斑了。

全球第二大的私人住宅——烏麥巴哈旺皇宮

來到藍城前數十公里的登山公路，遠遠就看到一座外觀華偉又頗具霸氣的城堡，龍蟠虎踞，令我眼前一亮，它就是烏麥巴哈旺皇宮（Umaid Bhawan Palace）。宮殿占地達十一公頃，是全球面積僅次於英國白金漢宮的最大私人住宅，由烏麥・辛格王公（Maharaja Umaid Singh）建造，當年動用三千多名工人，耗費逾千萬盧比，花了十六年時間，直到一九四四年才建成。一開始它是作為王公的私人宮殿使用，直到一九九七年，王公保留其中的三分之一留作自用，其他部分開放成為文化遺產觀光酒店與博物館，同時委託泰姬瑪哈酒店與假日宮殿公司集團一併管理。因為我是湖宮酒店的住客，才有機會免費參觀這座極盡奢華的宮殿，一般對外開放遊客參觀的，僅限於博物館部分。

我一來到，穿著華美紗麗的女經理就領我參觀起當年由英國著名建築家Henry Vaughan Lanchester設計的宮殿。宮殿以金黃色砂岩和大理石打造，室內的木工則採用珍貴的緬甸柚木作材料。房間總數共有三百四十七間，設計和布置顯得獨特典雅。中央大廳挑高三十一米的穹頂高度驚人，抬頭仰望，可從窗格間窺見藍天的蹤影。值得一提的是博物館內的藏品也不少，很有歷史價值。陳列品包括陶器、玻璃工藝品、時鐘等。不過我反而對大堂兩邊大理石旋梯間一對老虎和印度豹的標本擺設更感興趣。陸續參觀過寬敞的客廳、會議廳、餐廳和廚房等，各種設備應有盡有，令人眼界大開。從宮殿的豪華與一路上所見所聞，使我對印度社會的貧富懸殊有更深的感觸。

最高貴的藍色

我們的車子繼續行駛，直接穿越了藍城久德浦爾的市區，並未多做停留，打算先行前往下一個目的地。我們沿著「之」字形的公路往上攀登，一路來到海拔一百二十五米高的峭壁邊，眺望遠方，烏麥巴旺宮殿的身影極為清晰。再俯首下望，是一片藍色的海洋，正是我們方才穿越過的久德浦爾古城。

1：烏麥巴哈旺皇宮，中庭一景

2：旋梯壁上的印度豹標本

3：透光的穹頂

俯瞰藍城

久德浦爾是一四五九年由拉杰普特族拉索家（Rathore）的王公拉・久德哈（Rao Jodha）建立，是馬瓦爾王國（Marwar）的都城。為什麼這座城有「藍城」之稱呢？司機向我解釋，這又跟印度種姓扯上了關係。種姓制度分明，藍色是代表最高種姓婆羅門的顏色。最初住在城裡的婆羅門市民為了凸顯自己的地位，在房屋外牆刷上藍色。後來其他的市民覺得好看，便紛紛效法，卻引起高貴的婆羅門不滿，又把外牆的藍色刷得更深，造成城內房屋出現深淺不同的藍色。

另外一個原因是地理上久德浦爾處在沙漠地帶，非常酷熱。市民發現使用藍色粉刷牆壁會有一種清涼消暑的感覺，甚至還有驅趕蚊子的效用，一舉數得，導致不單用藍色粉飾外牆，亦有不少市民連房子內的牆壁都刷成了藍

梅蘭加爾城堡，建在陡峭的岩石山上

色。藍色遂成為這座城的標誌。

我們的目的地梅蘭加爾城堡（Mehrangarh Fort）遙遙在望，建在陡峭的岩石山上，幾乎與山融為一體，映襯著萬里無雲的藍天，就彷彿是一座堅不可摧的「天空之城」。

小提琴的始祖

登堡前，我們先來到賈斯旺薩達陵墓（Jaswant Thada）稍事停留，這處正是觀看城堡全景的最佳位置。賈斯旺薩達陵墓與其說是陵墓，倒不如說是一座紀念堂。它是純白色大理石的建築，為賈斯旺・辛格王公的衣冠塚，紀念堂側面是一潭清澈的玫瑰湖，據說曾經是王妃洗浴的地方。堂前有多座不同形狀的碑亭，是賈斯旺・辛格王公之後歷代王公貴族以及皇后妃嬪的陵墓。

賈斯旺薩達陵墓

平台花園開滿金黃色花的阿勃勒為整個環境添上色彩活力，生意盎然。堂內沒什麼大型的神像和擺設，值得欣賞是細密的大理石格子窗和雕花圖案。從格子窗往外看去，別有一番構圖的美感。

忽聞堂前傳來一陣抑揚頓挫的琴聲，我順著琴音尋過去，見到一位琴師手持琴弓演奏優美的樂章，原來這是一種印度古早的傳統樂器，叫做拉瓦納哈塔琴（Rava-nahatha），據稱是小提琴的始祖。我好奇借他的琴一試，樂器的構造看起來有點複雜，我的手指無法協調順利拉出樂曲，只好宣告放棄，不過卻要留下點小費才能脫身。

1：不同形狀的碑亭是歷代王公貴族及皇后妃嬪的陵墓

2：由賈斯旺薩達陵墓眺望藍城

3：賈斯旺薩達陵墓窗壁的雕刻藝術

4：拉瓦納哈塔琴，據稱是小提琴的始祖

梅蘭加爾堡的輝煌

巍然矗立的梅蘭加爾城堡名字來自梵語，梵語中的太陽Mihir與Mehran同音，而Garh是城堡之意，所以當地人又叫它做「太陽城堡」。

從賈斯旺薩達陵墓沿山坡路走上城堡，雖然只不過半小時的路程，卻因為天氣實在非常悶熱，我在太陽下早已汗流如注、氣喘如牛了。遙想當年的建築工人冒著酷熱的惡劣環境，削岩山築城堡，其工程之浩大艱辛，不言而明。

這座岩山上的城堡有一段與鳥神奇瑞阿・那斯吉（Cheeria Nathji）有關的傳說，當時拉・久德哈王公決意把都城遷往這裡，在鳥類群居的鳥山上築城堡，並在山下發展市區。然而此舉驚散了山中眾鳥，令牠們無處棲身，觸怒鳥神，鳥神於是下了詛咒，城堡將永遠遭受缺水之苦。

城堡建好後，果真遇到缺水的問題。王公為了彌補，在城內為鳥神蓋了房子，鳥神山洞附近也修建一座寺廟，問題卻始終存在。苦無對策之際，有位祭司建議活埋一位自願犧牲的人作為祭祀奉獻給鳥神，以此來平息鳥神的憤怒。儘管如此，每隔一段時間，這裡還是會發生旱災和瘟疫，鳥神的咒語是否仍未被破解，就不得而知了。

左：梅蘭加爾城堡屹立在深褐色岩山上五百多年，與山渾然一體
右：梅蘭加爾城堡的每道門，都有自己的故事

光從外觀來看，就可感到梅蘭加爾城堡是座牢不可破的堡壘。它自一四五九年開始建造，數百年間，經歷多位王公不斷修築擴建。從鳥山山腳到山頂，需經過一條綿延五公里長的山路才能到達城門，城門更有七道，還有高達三十六米、厚達二十四米的城牆，別說有足夠能力抵禦外敵入侵，想必一般閒雜人等都無法輕易入城。城堡自建成後，經多次的戰役都未曾被外族攻破，戰績輝煌。

城堡屹立在深褐色岩山上五百多年，與山渾然一體，儘管遭受風沙洗刷侵蝕，歷經滄桑，仍未失去雄渾宏大的氣勢。單從外觀看來，其實與我曾經在印度各地參觀過的城堡似乎沒有太大分別，不過導遊強調全印度城堡大大小小多如牛毛，卻沒有一座能與梅蘭加爾城堡相提並論。它外貌看似平凡樸實，但保存得很完美，內部更是另有乾坤，絕對是藍城遊覽的最重要項目。

左：鐵門裝上尖銳的鐵釘
右：橘紅色的手印浮雕

昔日王公的城堡今天已變為博物館，參觀城堡非常方便，甚至還提供包括中文的導覽耳機，可順著指南方向遊覽。導覽內容還加以說明歷史事件，搭配音樂，現場氣氛十足，有身歷其境的感覺。我既有導遊的陪同，又配上耳機，不漏掉城堡裡面任何一個環節。

殉葬留下的紅手印

我先後穿過七道堅固的城門，每道門都有自己的故事。第一道主要城門是一八〇六年馬瓦爾王公曼・辛格（Maharaja Man Singh）為慶祝戰勝碧卡內爾（Bikaner，拉賈斯坦邦拉杰普特族的另一個土邦王國）和齋浦爾王公而建。門口仍有穿著古印度武士服裝的人站崗。第二道城門上留下累累彈孔，顯然為過去的戰事做了最佳證明。接著的城門是紀念王公阿吉特・辛格（Ajit Singh）打敗莫臥兒帝國軍隊的勝利之門（Fateh Pol）。另外最後一道城門最為重要，叫做鐵門（Loha Pol），入口特別狹窄，還用厚重的

左：花之宮天花板精緻的圖案和金碧輝煌的裝飾
右：拱形窗楣上細緻的鏤空雕花窗格

鐵皮包覆，裝上尖銳的鐵釘，防止入侵的敵人驅使大象攻門，門後還有較斜的坡道，作用是避免大象和敵人長驅直入。如此重重關卡，梅蘭加爾城堡果真固若金湯、堅如磐石。入侵的敵人要想強行越過這七道城門，攻占城堡，絕非易事。

鐵門後邊左右兩側的牆上分別有三十一隻和五隻橘紅色的手印浮雕。這居然是一八四三年王公曼・辛格去世後，他的妃嬪在進行殉葬儀式前留下的標記，據說她們留下手印後，隨即跳進火堆，以示對王公的忠貞。聽聞這不人道的儀式，不禁令我毛骨悚然起來。

會議廳的華麗與奇幻

穿過重重城門後，我依序走進宮殿。宮殿群雖然建造於不同年代，卻連接互通，只是建築風格略有不同，但同樣精緻漂亮。我特別留意到建築上的拱形窗楣，還有細緻的鏤空雕花窗格。

左：塔哈特宮是王公的私人臥室
右：珍珠宮有彩色玻璃窗、鑲上鏡片和金箔的天花板裝飾

堡內的展館一個接著一個，其中包括花之宮（Phool Mahal），是音樂、舞蹈表演廳，四周繪有花卉圖案，並裝飾色彩繽紛的彩色玻璃；塔哈特宮（Takhat vilas）是王公的私人臥室，融合了傳統印度和西方的裝飾；堡內年代最久遠的珍珠宮（Moti Mahal）除了有彩色玻璃窗戶外，還有鑲上鏡片和金箔的天花板裝飾，美輪美奐。此處實際上是會議廳，還設計了五座密室陽台，讓後宮妃嬪可以坐在密室後，聆聽會議的進行。

造型各異的象轎

梅蘭加爾博物館裡面收藏了過去王公的生活用品、皇室珍寶、皇室專用的象轎（Howdah）、武器和壁畫等珍貴文物。

最後經過擺設一座純白色大理石寶座的中央廣場，這裡是歷代王公加冕的加冕中庭（Sangar Chowk）。圍繞中庭的王后宮和武器宮都有鏤空細密窗格的設計，使妃嬪們得以觀賞加冕典禮的進行，王公對後宮可算照顧得「無微不至」。為增加旅客對王公生活的瞭解，城堡內還設有舞蹈、音樂和吸水煙的表演，讓大家更為盡興。

1、2、3、4：造型各異的象轎

圍繞中庭的王后宮和武器宮都有鏤空細密窗格的設計，使妃嬪們得以觀賞加冕典禮的進行

走下古城堡後，我立即來到市民雲集的鐘塔集市（Sardar Bazaar）。集市販賣各種不同的商品，包括五花八門的香料和食物，尤其是女性的紗麗製品，更是樣式繁多，非常講究。我也見到不少婦女穿上顏色鮮豔的紗麗，在市集上購物。

城區內的街道熙熙攘攘，我注意到城市民房的窗楣跟城堡一樣，都有拱形設計。街頭巷尾還有上了鎖的供水設施，讓民眾飲用，我還未來得及詢問這是否需要付費，突然後方走來一群頭戴紅帽、手持標語的遊行隊伍，原來這天正值五一國際勞動節，勞工團體集會遊行，我也順勢湊個熱鬧，在遊行隊伍中與勞工們歡度勞動節。

中央廣場是歷代王公加冕的加冕中庭，擺設一座純白色大理石寶座

1：順勢參加五一國際勞動節的勞工團體集會遊行
2：吸水煙表演
3：街道上的嘟嘟車
4：街頭巷尾有上了鎖的供水設施，讓民眾飲用

天堂與地獄之間

一條長長的堤岸，流淌同一條河水，卻共存貫穿生死的兩個世界，我遊過很多地方，從未像瓦拉納西那樣，那麼觸動心靈，那麼具有震撼力。

瓦拉納西印象

朋友曾多次強調，到印度非要到瓦拉納西（Varanasi）不可。那是個接近天堂，卻更接近地獄的地方。每一日，恆河邊上映著一幕幕的生離死別、輪迴重生。你可以見到人生百態，觸動心靈，感悟人生。

朋友的再三介紹，使我對這座城市產生了不少好奇、疑惑和興趣，於是臨時調整了行程，從新德里改道前往位於印度北部，臨恆河中游地帶的瓦拉納西。

一生必須前往一次的地方

瓦拉納西位處於瓦拉納河（Varuna）和阿西河（Assi）之間，這兩條河都是恆河（Ganga）的支流，而瓦拉納西就是取自兩河的名字。在英國殖民時期，英國人把它叫做貝拿勒斯（Benares），到一九五七年才改回瓦拉納西。

據說瓦拉納西已有五、六千年的歷史，曾為古印度迦尸國（梵文Kāśī，意思是光的城市）首都。公元前四世紀已是印度的文化、學術中心和重要城市。這座城市自古以來就在印度人心中具有超然的地位。是印度人認為一生中至少必須前往一次的地方，對於印度教徒而言，它的神聖與重要性，就如同梵蒂岡之於天主教徒、麥加之於伊斯蘭教徒、耶路撒冷之於猶太教徒。

古城不僅僅是印度教的聖城，更是全球各地旅遊人士的必到之處，每年超過一百多萬人來到這個不足一百平方公里的小城朝聖。美國名作家馬克吐溫遊過瓦拉納西後，曾如此評價：「貝拿勒斯（瓦拉納西）比歷史還悠久，比傳統更久遠，比傳說還古老，甚至比這三者加起來還要古老兩倍。」（Benaras is older than history, older than tradition, older even than legend and looks twice as old as all of them put together）。

人生四大樂事

聖城的機場明亮寬敞，比起旅遊城市的齋浦爾漂亮得多，可見當地政府也不惜重本，讓我初來乍到就有了好印象。我早就約好了當地導遊接機，無須到處尋找前往市區的交通工具。

瓦拉納西機場

既然要到聖城觀光，我自然得先找些資料，除瞭解風土民情外，還要知道哪些旅遊熱點吸引旅客，否則就如進入寶山空手而回。聽導遊的介紹，大部分外地旅客都是遊覽聖城之後，才瞭解印度人的精神世界，才懂得瓦拉納西是他們的靈魂所在。

印度教徒認為人生有四大樂事：一是要信奉印度教三大神之一的濕婆神、二是一生中要飲過恆河水和在恆河沐浴、三是要結交聖人朋友、四是要居住過瓦拉納西，因為這裡是大神的故鄉。所以每天都有來自印度各地的教徒，以及慕名而至的旅客。導遊說，若遇上宗教的大節日，一年一度、一連五天的排燈節（Diwali，又叫屠妖節），在每年十月下旬到十一月初的時候，家家戶戶會點燃起油燈，令古城大放光明，因為它象徵光明戰勝黑暗，善良戰勝邪惡。屆時旅客更是蜂擁而至，把恆河堤岸擠得水洩不通，經常會秩序大亂，甚至意外頻生。

左：聖城街道一景

右：聖城早上的市集

聖城所處，並非天堂

連接機場的公路是林蔭大道，往來車輛不多，交通順暢。然而一轉入往市區的公路，情況就急轉直下。路面崎嶇不平，滿布碎石塵沙，坐在車上，顛簸得很厲害。樹蔭下是殘破的民房，夾雜許多簡陋的棚屋、帳篷，垃圾遍地，環境跟貧民窟毫無分別，顯然住在這兒的是社會階層底端的人。我心想，怎麼一個宗教聖地會如此破落呢？

汽車駛進舊城區，道路更加狹窄，交通也更為堵塞。在舊城區可以碰到多種交通工具，包括牛車、馬車、汽車、摩托車、嘟嘟車（Tuk Tuk，一種電動三輪車）以及人力車一應俱全。在街上不時還會被成群結隊的乞丐包圍，他們拍打著車窗行乞。途中耽誤了不少時間，才終於來到舊城裡的酒店。

見到宗教聖城居然是如此這般的殘破落後，我內心不免產生一絲動搖，反問自己，瓦拉納西值得來嗎？需要縮短行程，還是繼續探索呢？

恆河上的生與死

我的導遊在酒店先為我安頓好一切，讓我稍事休息，待到下午三時後才開始聖城的行程。

導遊見我一臉茫然、面帶疑慮，便解釋說，在瓦拉納西這幾天旅程中的所見所聞，一定會給我留下難忘的回憶。他賣了關子，並未告訴我將會見到什麼，我雖然覺得他有些故弄玄虛，但也期待這趟行程有意想不到的收穫。

導遊表示，來到瓦拉納西，一定要接近恆河、觸摸恆河，才能感受到印度人的精神世界。同時還要觀看恆河的日與夜，否則就無法體會到聖城的境界。

濕婆神之髮

恆河是印度最長的河流，源於喜馬拉雅山南麓，全長達兩千五百八十公里，流經印度境內長約一千五百公里，是印度的國土面積約三分之一。印度人把恆河視為聖河，聖城瓦拉納西就在新月形支流的河道上，印度教徒認為那彎河道就像濕婆神頭上的新月裝飾。

上：通往恆河的石階幾乎被流浪漢和乞丐占領
下：一列穿著各式修行者服飾的隊伍席地而坐，等候善信們的施捨

關於恆河有許多傳說，其中一個傳說提到古印度時期，恆河水流湍急，經常氾濫成災，沖毀沿岸平原的農田村舍，淹死的人畜不計其數，生靈塗炭。當時一位帝王祈求濕婆神治理河水，濕婆神同意後，來到喜馬拉雅山下，將祂的頭髮散開，河水從祂的髮間緩緩流過，經過緩衝之後再流下，變成滋潤萬物的河水，不再氾濫，也灌溉兩岸農田，讓人民得以安居樂業。

經過了六千多年的悠悠歲月，恆河始終是印度人民的母親河，孕育一代又一代的人民，留下濃厚的文化風俗傳統。絕大多數的印度人有個共同的念想，在他們一生之中，至少要在恆河沐浴一次，好讓聖潔的河水將罪孽洗滌消去。

石階碼頭映像

我在瓦拉納西第一個行程就是恆河邊的石階碼頭，又叫河壇（Ghat，或譯為伽特）。

從舊城區出發，用不著坐車，漫步在熱鬧的街道上，穿過幾條狹窄的巷弄，半小時後就見到恆河的芳蹤。此區屬於商業區，有許多攤販和外表頗為破舊的商店，販售祭品、神像、紗麗、絲綢和小食等。我在路上不時與頭頂貨物的印度大叔、神牛和橫衝直撞的嘟嘟車擦身而過，最讓我不耐的是緊纏身後的乞丐，據瞭解他們都是職業的行乞者。我謹記導遊的囑咐，不敢多加理會，否則將有更多乞丐一擁而上，屆時想要脫身，可就得付出不少盧比了。

左：當地旅遊局為使旅客瞭解恒河的河壇文化，在碼頭前豎立一塊石碑

右：石階碼頭上是濕婆神和恒河女神畫像

經過一個十字路口，我瞥見崗哨內的警察持有槍枝和木棍。再往前一段路，為了保障行人的安全，汽車已經禁止通行了。

一列穿著各式修行者服飾的隊伍席地而坐，等候善信們的施捨。在隊伍身後，是恆河一個主要的石階碼頭——達沙什瓦梅德河壇（Dashashwamedh Ghat），順著數十級階梯走下去，就是印度人的母親河——恆河了。

恆河西岸河堤長約七公里，在新月形的岸邊，砌建起大大小小的河壇，一個連著一個，據說有八十四個之多。它們分別由皇室貴族、商賈或信徒等砌建，建成的時間並不相同。

當地旅遊局為使旅客瞭解恆河的河壇文化，在碼頭前豎立了一塊石碑，其中特別介紹的就是最著名、最受旅客歡迎的達沙什瓦梅德河壇。

上：恒河岸邊盡是汙泥，還躺著姿態懶洋洋的「神牛」
下：數十艘小艇駛出河面，盪漾在恒河上，場面相當可觀

它來自一個古印度神話，信徒們相信三大主神之一的梵天（Brahma）曾在此舉行火祭，奉獻了十四馬。每天早上和夜晚在神壇舉行祭祀的阿拉提（Aarti）儀式，是瓦拉納西的重頭戲。

我沿著石階走下，階梯幾乎被流浪漢和乞丐占領，只留下中間的位置讓旅客和信徒行走。途中一個平台的一對巨型圓柱上，分別是濕婆神和恆河女神的畫像，護佑虔誠的印度教徒。一旁停泊了載客的大小船艇，這兒原先是提供船艇泊岸，不過現在人們已用來走入恆河中。

此時正逢夕陽西下，許多信眾不分男女老少，捧著花環和祭品，對於河水泛起墨黑色油膩膩的汙光，間或飄浮著垃圾汙物顯得無動於衷，虔誠地，一步一步走進河水中，只為洗滌他們的心靈。

我轉頭一望，碼頭旁邊盡是汙泥，一片狼藉，還躺著姿態懶洋洋的「神牛」。風一陣陣吹拂，帶來無比腥臭，讓人感到非常難受，我實在無法理解信徒這般的舉措。

恆河的生命終站

在導遊的提議下，我先泛舟遊恆河，一來可以遠觀堤岸邊的河壇，又可以從艇上觀看夜間碼頭神聖的祭祀儀式，不用與逾千的旅客和信徒擠在祭壇旁，一舉兩得。我見到同時有數十艘小艇駛出河面，盪漾在恆河上，場面相當可觀。

左：遊客紛紛靠岸登陸沙洲，為了採挖沙洲上的金剛砂
右：馬尼卡爾尼卡河壇是瓦拉納西最大的火葬浴場，是朝聖的最後一站

坐在艇上，我回望綿延數公里的河壇，經過導遊的指點，一一辨認哪些是較有名氣的河壇，其中最大的當然要算達沙什瓦梅德，香火最為鼎盛，沐浴的信眾最多。此外，密集不規則的建築物也建在堤岸上，什麼形狀都有：平房式、堡壘式、尖塔形，也有寺廟等等，它們過去曾經是皇室貴族的皇宮或是民房，建築物顏色鮮豔，繽紛的色彩正好替寬闊的恆河做了點綴。

河壇的對岸是一片沙洲，滿布水草，一片荒涼，而且汙染嚴重，一堆堆汙穢異物漂浮在岸邊，奇怪的是卻見到旅客們紛紛靠岸登陸，絡繹不絕。聽船工說，這些人是為了採挖沙洲上的金剛砂，據說將金剛砂放在瓶中，經過聖人加持後，再把金剛砂置入錦袋中掛在胸前，可保平安，延年益壽。然而沙洲是如此骯髒，我最後還是決定放棄登岸挖砂。

小艇繼續往北划去，來到馬尼卡爾尼卡河壇（Manikarnika Ghat），這是瓦拉納西最大的火葬浴場，是朝聖的最後一站，更是生命的終點。我的小艇停泊有一段距離，望著遠處

點燃起蠟燭小花燈，謹慎地放在河面上，讓花燈隨河水漂浮，悠悠蕩蕩，這是當地人一種許願的習俗

全天候火光熊熊的火葬場，那兒日以繼夜不停地為死去的教徒舉行火葬。

船工叮囑我只能在較遠的距離拍照，若再划近就禁止拍照了，否則就會視為對死者的不敬。我們逐漸划近火葬場，一股屍臭味和濃煙撲面而來，感覺非常噁心，我也無意久留，見識過場面後，便迅速掉頭離開。

夜幕逐漸低垂，我在導遊的指示下，點燃起蠟燭小花燈，謹慎地放在河面上，讓花燈隨河水漂浮，悠悠蕩蕩。這是當地人一種許願的習俗。

一條長長的堤岸，流淌同一條河水，卻共存貫穿生死的兩個世界，我遊過很多地方，從未像瓦拉納西那樣，那麼觸動心靈，那麼具有震撼力。我坐在艇上沉思，心情久久不能平復。

恆河邊灰燼和焚燒的痕跡

不一樣的葬禮和祭祀

若非親眼目睹，很難會相信瓦拉納西河岸上，生與死只有百步之遙，也無法想像印度人對恆河狂熱崇拜到如此程度，竟然無視河水的骯髒混濁，安然走進河裡，洗滌自己的心靈。

當我見過馬尼卡爾尼卡河壇的火葬儀式，再閱讀一些關於印度教的資料後，才稍微了解他們如何對待生與死。

中國人懂得生命的意義，會珍惜生命，對於死也非常注重和講究，認為人死不能復生，所以很重視對先人死者的哀思和喪祭，喪祭儀式講求莊嚴肅穆，還有很多不同風俗的忌諱必須注意。

木材的需求量非常大，整齊堆放在巷口、路旁

骨灰灑入恆河，走進天堂路

印度教的生死觀與我們大相逕庭。印度教相信每一種生命都有靈魂，重視輪迴之說，輪迴是周而復始、無始無終。由於他們認定瓦拉納西是濕婆神的故鄉，凡是在這裡死亡以及就地火葬，都能得到濕婆神的庇佑，能直達天堂，毋須經過輪迴的苦難。如此一來，瓦拉納西便可見到行將就木的老弱人士、一些追求更高境界的修行者，甚至是死在外地，因信仰而把遺體運來焚化。

聖城最大的火葬場原本每天從日出至日落有一定的運作時間，現在已不斷延長到全年全日無休的地步；火葬場需要大量木材，使得木材出現短缺；日以繼夜的焚化工序，更把恆河一帶的天空熏得昏暗，造成環境汙染。但基於印度信徒對輪迴觀念的執著，不僅僅是要生在瓦拉納西，要居住在這裡，更要死在此地的緣故，想移風易俗，看來是不易了。

在火葬場服務的人員，需要為死者安排木材，搭建火化的木架，點火燃燒，還得搬動屍骨，把遺體焚為灰燼，最後把骨灰撒進恆河，讓死者的靈魂進入「天堂之路」，才算完成整個過程。這些每天在河壇上幹著此類工作的人，是世代相承的，屬於種姓中最最低層的賤民（Untouchables），叫做Doms。因為種姓的關係，他們別無選擇，可以想見賤民的處境是多麼悲慘。

火葬場附近又因而衍生了一種獨特的行業：理髮，這些理髮師傅只懂一種髮型，就是將死者男性親屬的頭髮剃光。導遊說只要見到堤岸上行走的光頭男士，幾乎都是剛剛喪失親人的家屬。

火葬場上，可以從選用木材的數量和質量、聘用多少祭司等方面，分辨出各家的財富。最特別

祭壇高台上的祭司搖動手中法器，吸引大批觀光客湧入拍照

的是儀式只讓男性家屬參加，女性是不准參與的，而且儀式進行時，家屬必須心情平靜，沒有哭哭啼啼、呼天搶地的哀號，據說是怕哭聲令死者的靈魂產生眷戀而依依不捨，就無法順利進入天堂。此外，焚燒之前要先將屍體移到河邊用河水洗淨，等於洗去身上的罪孽，再按男女分別，全身裹上白色和黃色布後再進行焚燒。

導遊還聲明並不是所有教徒都能享有火葬、骨灰撒入河中的待遇，孕婦、未成年小孩、聖者和痲瘋病者都不能火葬，只能將屍體裹好，綁上大石沉屍於恆河裡。我聽了更覺得可怖，也感到這相當不衛生。若遇到漲潮退潮，河水不就可能把不完整的屍體殘骸或浮屍沖回岸邊嗎？甚至可能引來禽鳥的啄食。旁人見到此情此景，是否真能無動於衷？

恆河之水既讓在生的教徒洗刷一生的罪孽，同時又把死去教徒的靈魂帶返天堂之路。日復一日，年復一年，恆河水哪有不混濁汙染之理？連政府衛生部門都測出恆河水含大腸桿菌的數量比正常的高出數萬倍呢！

阿拉提夜祭

我在小艇上守候著岸上另一場阿拉提夜祭儀式，每晚七時準時開始。信徒和旅客早就來到達沙什瓦梅德河壇，占據有利的位置，祭壇也亮起了綵燈，把碼頭照得燈火通明，如同白晝。我安坐艇上，悠閒地觀看儀式的進行，不需和岸上的人群擠在一起。

這種夜祭儀式在印度各地都很普遍，源於對火的崇拜，而在瓦拉納西恆河邊舉行，更多了一重對濕婆神和恆河的敬意。導遊說儀式已有至少逾千年的悠久歷史。

儀式一開始，祭壇上燃起香燭，一時間香煙繚繞，梵音和銅鐘聲相繼響起，原本嘈雜的群眾剎時安靜下來。大家將視線移到七座祭壇高台上的祭司，他們看上去都是年輕小伙子，卻蓄著長髮，留著長鬚，穿著一致的服飾。他們開始誦經、撒花，多次跪下站立，上下搖動手中的各種法器，隨著台下的鼓樂合奏，一個多小時有規律節奏的祭祀之後，台下的信徒也開始跟隨唱誦經文，場面越來越熱鬧，祭壇上下打成一片。一陣喧鬧擾攘後，夜祭儀式才告終結。

導遊說，過去這是一項神聖虔誠的儀式，但很可惜，現在已流於形式，演變成一項旅遊的表演秀了。

日出恆河

領略過恆河弔詭的夜間風情後，翌日晨曦初露，古城仍未甦醒過來，我又開始新一天的行程，準備出發到恆河之濱，迎接日出。

清晨的街道，一切都是靜悄悄，沒有前一夜喧嘩熱鬧的景況，不過卻換上另一批人據地為王，他們是橫七豎八、席地而睡的露宿者，街道兩旁都是他們的身影。另外還有不少「神牛」，牠們也不甘示弱，一早就到處遊蕩、覓食。路上滿地狼藉，四處是牛糞和垃圾等，我唯有步步為營，生怕誤踏進露宿者的地盤，若是不慎踩上一堆牛糞，可就狼狽不堪、倒霉透頂了。

儘管還不到太陽升起的時候，導遊已安排好小艇，讓我可以悠悠蕩蕩地泛舟恆河上。這時間已有不少小艇出動，看來乘載觀光客欣賞對岸旭日東升是相當熱門的行程。

美國名作家馬克吐溫看過恆河日出後，給予很高的評價：「只要看過一次，即使只是瞬間的一眼，也不會有人願意將這短暫的一瞥，

晨曦中泛舟於恆河上，迎接曙光

千年的古城在太陽的照射下，金光燦爛，其中最大的河壇是達沙什瓦梅德

與世界上的其他風景交換。」我遊過世界上不少國家的名山大川，看過多次日出日落，到底恆河的日出是否如馬克吐溫的評價一樣，是遊瓦拉納西不容錯過的最高視覺享受，這就待我親眼所見，才見分曉了。

恆河日出亙古不變

小艇輕緩地從岸邊划到河的中央，東邊的太陽開始露出臉龐，從沙洲彼岸徐徐升起。一剎那間，太陽將靜謐的河水染成金黃色，一條耀眼的金光倒映在河面上，此時微風拂來，波光瀲灩。陽光隨後又驅散了雲端上的薄霧，千年的古城在太陽的照射下，變得金光燦爛，層次分明，讓人驚嘆。

太陽終於升上半空，我和其他的小艇也紛紛調頭回岸。

上：河岸邊的河壇一早就聚集許多信徒

下：信徒相信飲過恆河水，在聖河洗過澡，不僅可以洗滌自己的靈魂，還可以治癒身上的各種疾病

恆河也是天然洗衣場

河岸邊的河壇一早就聚集許多信徒，無論男女老少，虔誠朝東面朝拜太陽。男的會脫去上衣，打赤膊走進河裡；女的則穿著優雅亮麗的紗麗。他們的動作都很有規律，先誦唱，雙手合一祈禱之後，俯身用河水洗面，然後再把水往身上潑。有些人還將全身浸在河裡，兒童更無拘無束，在河邊玩耍、游泳和洗澡。他們相信飲過恆河水，在聖河洗過澡，不僅可以洗滌自己的靈魂，還可以治癒身上的各種疾病。有些來自遠方的信徒還特地帶來茶壺盛器，要把聖水帶回家鄉，分享給親友。

在一些旅遊節目中，旅人會跟隨他們一起步入河中沐浴。但我一想到沐浴或飲用的「聖水」是與垃圾、汙泥為伍，極有可能會上吐下瀉，感染皮膚病，甚至還會染上其他更嚴重的疾病，就沒有足夠的勇氣嘗試。

左：貝拿勒斯印度大學新建仿金廟的新濕婆神廟
右：薩胡和我

瓦拉納西城區遊

河壇也是天然洗衣場，人們一早就將衣服、被褥拿到河邊漂洗和搓打，把本已骯髒的河水，弄得更加混濁。河壇的平台，亦是瑜伽大師們作鍛鍊、搖鈴的僧侶朝天參拜的場地。要體驗印度人對「聖河」逾千年來永恆不變的傳統習俗，不親歷其境，實在很難體會。

離開小艇回到岸上，天色已大白，我跟隨導遊從河壇開始，穿過舊城區一條接一條的大街小巷。寺廟遍布街頭巷尾，據說有超過二千多座大大小小的寺廟。岸邊和寺廟旁可見到印度教苦修聖者（Holy Man），又叫做薩胡，他們一般身穿橙色長袍，蓄著長鬚，把頭髮挽成髻，額上塗了紅白顏色，戴著花環和念珠。這一群以自己一生替天下人受過和贖罪的聖者遠離塵世，生活儉樸，露宿街頭，天天靜坐，只接受信徒的捐贈維持生活，並做出種種怪誕、出人意表的行為和動作，折磨自己當作修行。

印度之母廟，廟中央是一幅用大理石鐫刻成的大印度地圖，地域還包括了已獨立的孟加拉和斯里蘭卡

途中我遇上一位身穿黃袍的聖者，盤膝席地而坐。他模樣看來較為友善，也樂意讓我仿效他的坐姿和手勢，一齊合照。正要離開之際，一列隊伍搖著鈴迎面而來，他們合力抬著運送往火葬碼頭用白色綢布包裹屍體的擔架，未等到我出現雞皮疙瘩的反應，他們已擦身而過。導遊說遇見這樣的情況，在瓦拉納西是見怪不怪的平常事。

印度之母廟

在二千多間寺廟中，最享有盛名、香火旺盛的是有三千五百多年歷史的濕瓦納神廟（Vishwanath Temple）。廟的面積很小，且經歷過多次劫難後重建。最大的亮點是有一座高數十米的金塔，由當年拉合爾王公（Lahore）蘭吉特・辛格（Ranjit Singh）捐獻了八百多公斤黃金而建成，所以有「金廟」之稱。廟外有一口智慧之井，相傳喝過井水，可以達到更高的精神境界。

印度之母的畫像

近年為防恐襲，神廟一帶保安嚴密，隨身物品只能寄存在巷外的商店內。然而此廟只讓印度教徒和非印度教徒的女性入內，我並非教徒，當然被拒於門外，唯有從附近巷里遠望金廟，可見到陽光下的金塔耀眼燦爛。導遊見我未能入內，有點失落感，於是開車到城外的貝拿勒斯印度大學（Banaras Hindu University），原來裡面新建了一座仿金廟的新濕婆神廟，讓我得以自由進入，參觀一番。

最後來到環境清幽的印度之母廟（Mother India Temple），它與其他宗教神廟不同之處，除了一幅印度之母畫像外，別無其他的神像。廟中央是一幅用大理石鐫刻成的大印度地圖，地域還包括了已獨立的孟加拉和斯里蘭卡。「它是目前世界唯一一座以國家地圖為廟的神廟。」導遊自豪地向我介紹。

宗教遺址朝聖

印度宗教和教派繁多，有源於古印度吠陀教和婆羅門教的印度第一大教——印度教，其他占少數的有伊斯蘭教、基督教、錫克教、佛教、耆那教和猶太教等。佛教源自印度，卻未在印度發揚光大，如今只在印度半島留下多處聖跡遺址，在緬懷朝聖的同時，更可印證當年大唐高僧玄奘印度取經的西遊路線……

玄奘法師曾參訪的鹿野伽藍

聖城瓦拉納西給我帶來了畢生難忘的回憶，我指的並非這城市「烏煙瘴氣」的環境，亦非我所眷戀的恆河日出日落的美麗景色，又或是河畔河壇的種種見聞，而是在其中一個夜裡發生了奇事：這天我結束了放舟恆河的行程後，回到酒店正準備解甲休兵之際，突然無端在房間滑了一跤，摔倒在地上。這場意外撞傷我的眉梢眼角，當場血流滿面，幸好未傷及眼睛，不然成為「獨眼龍」可就糟了。酒店緊急送我到當地醫院縫針料理，自此我的眉梢留下了一道「永不磨滅」的傷疤。每當我攬鏡自照，瓦拉納西的經歷就會浮現在腦海中，揮之不去。

我跌倒受傷的消息第二天就傳遍酒店，早上遇到酒店的服務員和旅客，都紛紛慰問一番，有些還善意地跟我講述一些靈異故事，提醒我外出事事留意，不宜走近一些「禁區」，以免觸犯神靈，招致受傷。我自問平生不做虧心事，心中坦然，百無禁忌，不過仍舊對他們的關懷還以微笑。休息了一個早上，我再度投入另一個佛教聖地的行程。

四大佛陀聖跡——鹿野苑遺址，彷如另一個祥和寧靜的世界

牆裡開花牆外香

佛教源自印度，在印度半島留下多處聖跡遺址，最重要的聖地有四處，分別是位於尼泊爾的佛陀釋迦牟尼誕生地藍毗尼（Lumbini）、印度東北方佛祖悟道成佛的菩提伽耶（Buddha-Gaya）、佛祖初次講道傳授佛教的鹿野苑（Sar-nath），以及佛祖最後涅槃的拘尸那羅（Kushi-nagar）。這些都是全世界佛教徒嚮往的聖地，被尊為四大聖跡。

佛教並未在印度發揚光大，反因伊斯蘭教和印度教的興起而受到冷落。然而流傳到亞洲後，特別在東南亞國家，卻受到尊崇，地位甚高，使得佛教在印度有種「牆裡開花牆外香」的感覺。

四大佛陀聖跡中，鹿野苑位置在瓦拉納西以北十公里外，我乘車約一個小時，就到達鹿野苑的答枚克佛塔（Dhamekh Stupa）紀念遺址。此處遠離喧囂，讓人感覺走進了另一個祥和寧靜的世界。這天遊人稀少，顯得更加冷清，朝拜聖地的信徒未如瓦拉納西恆河邊那般熱鬧擁擠，環顧四周，翠綠的青草和樹林生意盎然，空氣彷彿也更加清新。

導遊介紹，過去鹿野苑也有「仙人論處」、「仙人鹿園」和「仙人住處」這樣的別稱，這些別稱都分別有自己的解釋。「仙人住處」是一座樹木鬱鬱蔥蔥、林中鹿群出沒的原始森林，如今遺址一隅還保留個鹿園，且仍然可以找到鹿群的蹤影。

傳說佛祖的前身是鹿王，因不願見到當地的國王到森林打獵，捕殺鹿隻，就跟國王達成協

左：答枚克佛塔，高約四十多米，底部直徑達二十八米，高塔附近是寺院遺跡，如今僅存許多斷垣殘壁

右：塔壁上雕刻的圖案

議，由祂每天送國王一隻鹿。一天，為了保護一隻懷了孕的母鹿，不忍心送給國王，佛祖於是自願代替母鹿，以一命換兩命。這樣的行為感動了國王，從此不再捕殺鹿隻，並把林區改名為鹿野苑，讓鹿群在此處自由自在生活。這段佛教故事，在玄奘所著的《大唐西域記》中就有記載。

「仙人論處」亦有根據。當年佛祖在菩提伽耶頓悟成佛後，打算步行到瓦拉納西，為那裡的修行者傳授佛教。來到鹿野苑時，重遇五位曾經跟祂一同修行的修行者，於是留下來為他們闡述佛教生死輪迴、善惡因果的佛理，開始了祂初次的講法。五位修道者亦成為其弟子，又稱做「五比丘」。從此，佛教得到弘揚，傳播到世界。最初聽佛祖講法的信徒不過幾十人，到後來已發展到三千多徒眾，鹿野苑成為佛祖講道和居住之地。

根據考古學家的考證，早在公元前三世紀，孔雀王朝阿育王就在鹿野苑建起了佛塔和寺院，以及豎立起一根巨型有四面獅子柱頭的石柱。唐代玄奘法師在公元六四〇年來到這裡時，已擁有一千五百多名僧侶和雄偉的寺院了。在《大唐西域記》中有這樣的描述：「婆羅痆河東北行十餘里，至鹿野伽藍，區界八分，連垣周堵，層軒重閣，麗窮規矩。僧徒一千五百人，並學小乘正量部法。」

可是佛教在印度好景不常，很快就走向衰落，再遇上公元十二世紀伊斯蘭外族入侵，將小鎮洗劫一空，佛教聖地就此遭到湮滅，直到一八三七年由英國的亞歷山大・唐寧漢姆（Alexander Cunningham）發現，並進行發掘，後來按玄奘大師的著作參照，才確認是昔日的鹿野苑。

阿育王的親筆敕文

進入遺址，我一眼就見到一座褐色的標誌性高塔——答枚克佛塔，此塔建於公元六世紀，是兩層建築，高約四十多米，底部直徑達二十八米，上層用磚砌建，而底部則用石建成，是一座實心塔，底部的四周雕刻上精緻的花朵、圖案，以及佛龕。高塔附近是寺院遺跡，然而如今僅存許多斷垣殘壁。

除此以外，還有一根由阿育王豎立起來、高達十二點八米的阿育王石柱（Ashoka Pillar），儘管目前早已斷裂，但上面以古老的波羅密文字（Brahmi）鐫刻阿育王的親筆敕文，內容仍然清晰可

左：被鐵欄圍起保護的阿育王石柱上有古老的波羅密文字
右：阿育王石柱四面獅柱頭複製品

見。根據考古所述，敕文的內容大致是要尊重佛法、行善斷惡、禁止殺生、仁慈平等。為了保護石柱遺跡，斷了的五截石柱已被鐵欄圈圍起來。石柱上端的四面獅柱頭保存完好，移到後方的考古博物館內。這四面獅柱頭的圖案如今已成為印度的國徽了。

據統計，這樣的阿育王石柱在印度各地有三十多根，而以鹿野苑的石柱最著名。阿育王石柱的豎立，有個傳說：當年阿育王繼承王位後，手段凶殘，對人民施行暴政，又設立「地獄般的監獄」，被關進去的人，從沒有活著離開。一天，有位僧人被抓進監獄後，投進滾燙的大鍋內，僧人沒有死去，反而如置身在清水池中，安然無損，煮沸的水中還現出一朵鮮豔的大蓮花，把僧人承托起來。事情傳到阿育王耳中，開始痛改前非，停止殺戮，並且皈依佛教，宣揚佛法，在各地建立許多石柱。

五比丘迎佛塔

另外還有座風格不同的佛塔──喬堪祇塔（Chaukhandi），它又叫做五比丘迎佛塔，是一座巨型的覆缽型磚塔，建在當年佛祖與五位修行者（比丘）相遇的地方。塔上加蓋一座八角塔，是為歡迎莫臥兒帝國第二代君主胡馬雍而建的。

在遺址入口的正門，有一座供奉佛祖金色佛像的慕爾甘陀哈・庫提・維哈爾寺院（Mulgandha Kuti Vihar）較為特別，牆上是精美的壁畫，描述佛祖生平故事。附近一棵經由接枝移植過來的菩提樹，樹下有佛祖塑像，圍著披著袈裟的五比丘塑像，雙手合十，俯首聆聽佛祖的說法。此外，區內還有來自世界各地佛教徒建起的寺廟：包括中華寺、緬甸寺、日本寺等。

還有一座並不顯眼的耆那教寺廟，建於一八二四年，據說是其中一位祖師的出生地。既然已不遠萬里而來，我也就不吝惜腳力，入寺廟參觀一番。

離開遺址前，千萬別忘了走進考古博物館，參觀阿育王石柱四面獅柱頭。上面刻有四隻威猛的雄獅，面貌輪廓和造型栩栩如生，中間是飾帶，刻有四種動物：大象、瘤牛、老虎和馬，中間以法輪隔開。整個柱頭華麗而完整，凸顯出孔雀王朝時代的精湛雕刻藝術和特色。還有一把逾二千年歷史的巨型石傘，非常罕見。館內藏品甚豐，可惜禁止拍攝，不過場外有四獅柱頭的複製品提供拍照。

佛教有悠久的歷史，關於它的記載和傳說很多，導遊向我建議，若要更加瞭解佛祖的事跡和故事，下次安排一趟專程的佛教聖地之旅，收穫會更多。

1：喬堪祇塔又名五比丘迎佛塔

2：慕爾甘陀哈・庫提・維哈爾寺院位於遺址入口的正門

3：寺院的佛祖雕像

4：菩提樹下佛祖說法

古城石窟之旅

我帶傷從瓦拉納西撤回孟買，本來打算停下來休息幾天，忽然收到臺北旅行社陳總的訊息，孟買東南面三百五十公里外，有一座莫臥兒王朝留下來的奧蘭加巴德古城（Aurangabad，或譯為奧蘭卡巴），周邊兩座歷史悠久的宗教文化石窟——阿旃陀和埃洛拉石窟（Ajanta and Ellora Caves），名滿天下，論名氣和規模絕不在中國四大石窟之下，是不容錯過的歷史文化景點。

我忍著眉梢傷處的疼痛，興沖沖踏上了古城石窟之旅。航班飛越過平原大地，很快就降落在德干高原上的奧蘭加巴德機場，當時正逢黃昏日落，若再趕到城外東、西兩處的石窟，時間太過倉促，便在城內留宿一宵，順道來趟城內觀光。

奧蘭加巴德的小泰姬陵

奧蘭加巴德過去是古絲路必經之地，曾為莫臥兒帝國君主奧朗則布的首都，有過一段短暫的輝煌歷史，卻隨著君王的離世而迅速沒落，不過城內仍殘留不少莫臥兒時代的伊斯蘭建築，最具代表

奧蘭加巴德城門

性的居然是座「小泰姬陵」。比比・卡・瑪巴拉陵（Bibi-ka-Maqbara）是以阿格拉的泰姬陵作為建築範本。

我自僱嘟嘟車奔馳在凹凸不平且塵土飛揚的窄狹街道上，穿過雜亂無章、破敗不堪的民居，奧朗則布為第一位妻子Dilras Banu Begum所建的陵墓就在眼前出現。陵墓外觀與泰姬陵極為相似，因為當時君王征戰年年，令國庫空虛，導致陵墓不論在規模、建材以及裝飾上都無法與原裝正版的泰姬陵相匹比了。除了部分建材採用大理石外，其餘大多因陋就簡，漆上白色石灰漿就算了事，與其稱做「小泰姬陵」，倒不如叫「窮人的泰姬陵」更為貼切。

不過在藍天襯托下，仍不失是一座精巧美麗、楚楚動人的建築。我壓低角度拍攝，將陵墓和長長的引水道一併入鏡，使得小泰姬陵也產生恢宏大氣的效果。

小泰姬陵在藍天襯托下，仍不失是一座精巧美麗、楚楚動人的建築

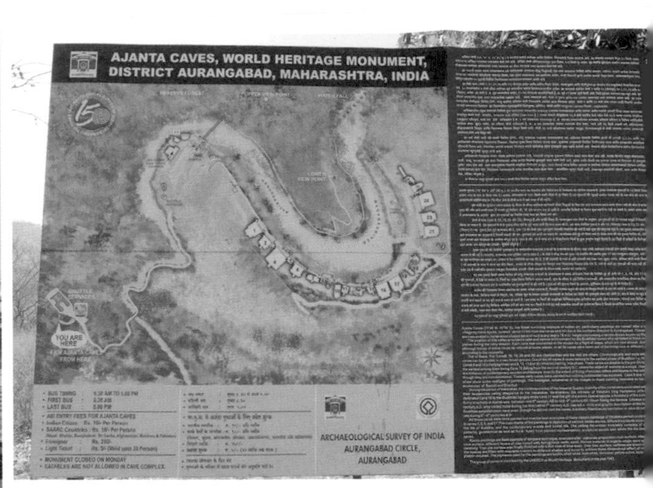

左：途中遇到載滿人與貨物的貨車

右：阿旃陀石窟群位於山谷的陡峭懸崖上，下面是繞山谷的瓦哥爾河

阿旃陀石窟——佛教石窟建築代表

翌日我約好導遊，安排一整天的石窟行程。先到東北面的阿旃陀石窟，後遊西北方的埃洛拉石窟，然後趕上傍晚航班飛回孟買，行程可謂既緊湊又豐富。

阿旃陀石窟離城區一百零四公里，我大清早就乘車前往，一路上黃土綠樹，偶爾遇見疏落簡陋的農舍村落，頗為荒涼，經過一個多小時，抵達了石窟遺址的轉車處。

導遊表示，印度境內發現的石窟已超過了一千四百多處，大多數集中在西印度這一帶的西高止山脈（Western Ghats）。經過考證，阿旃陀石窟早在公元前兩世紀的阿育王時期就開始開鑿建造，如它一般超過二千多年的石窟遺址，迄今留存下來的少之又少。它除了歷史悠久外，也是佛教石窟的建築代表，但因這地方路途遙遠，全年天氣乾燥炎熱，所以，即使是佛教聖地，又是世界文化遺產，若非佛教徒，或者喜歡研究石窟文化和歷史的話，大概會覺得索然無味，不想多走這一遭。

根據考古記載，阿旃陀是全印度最龐大的佛教石窟遺址，約在公元前兩世紀開鑿，用了幾乎兩百年的時間，完成六個石窟。接著由於戰亂發生，停工近四百多年，直到公元四世紀的笈多王朝才又重新開鑿，至公元七世紀終告結束，一共開鑿了二十九個石窟。爾後印度教和耆那教的興起，佛教從印度逐漸衰微，阿旃陀石窟一度銷聲匿跡，被世人遺忘。這一帶變成了森林密布、猛獸出沒的荒野。不幸中的大幸是，石窟群因此受到掩蓋，不致受到他教徒的破壞。

千年石窟，十八世紀重現人間

石窟在人間蒸發了逾千年之久，直到一八一九年四月二十八日，英國當地駐軍第二十八騎兵隊的約翰·史密斯到此打獵，追逐老虎蹤影時，無意間發現茂密叢林中有個建築物

左：登山的階梯和水泥步道都是發現石窟後才加以鋪設，方便旅客遊覽

右：二十九座石窟依山勢排列在高約七十米的陡峭懸崖上，蔚為奇觀

體，不過並未進一步探查。後來他把經過告訴了海德拉巴的藩王，藩王回想起古時關於石窟的傳說，於是深入開發，才讓這塊佛教瑰寶重見光明。當日英國士兵發現的物體，是群窟中年代最早的第十號窟，約翰・史密斯還在洞窟一根石柱上留下了到此一遊的標誌。

我們換乘專用的環保車，直駛到遺址大門。我朝前一望，這兒的地勢真的不一般，峽谷呈馬蹄形，下面是一條繞山谷的瓦哥爾河（Waghore River）。二十九座石窟依山勢排列在高約七十米的陡峭懸崖上，蔚為奇觀。究竟古人是如何來到這裡，怎樣進行開鑿，挖出如此令人震撼的石窟群，若非對信仰的堅持，擁有無比的毅力和決心，要完成這般艱鉅的工程，談何容易，此番精神實在令我佩服得五體投地。

左：一號窟壁上的《蓮花手菩薩像》是阿旃陀壁畫的代表作
右：一號窟內部一景

我依著指示方向，逐一把每個石窟裡裡外外參觀一遍。二十九座石窟有順序排列編號，登山的階梯和水泥步道都是發現石窟後才加以鋪設，方便旅客遊覽，否則早先根本無路可尋，可以想像古人單是上下崖壁已經很困難，更遑論他們還得在堅硬的崖壁上作業呢！

「三道彎」體態

各窟的規模和形態各有不同，但基本上分為支提和毗訶羅兩類，其中五座屬於支提窟，具有穹頂，兩邊有立柱和迴廊，用作信徒進行朝拜和舉行儀式活動的「廟堂」；餘下二十四座則屬於平頂的毗訶羅窟，各窟的空間有大有小，有長方形的石床、石枕和佛龕等，陳設簡單，是僧侶教徒修道和起居生活的居所。換句話說，支提是「禮拜堂」，毗訶羅是僧侶的「修道院」。

1：一號窟內部斑駁的彩繪

2：十七號窟保留的完整雕刻

3：一號窟佛像雕刻

4：十九號窟外觀

左上：二十六號窟門口壁面佛雕像　　　右上：十九號窟有穹頂，兩邊有立柱和迴廊
下：二十六號窟佛祖涅槃雕像

十二號窟裡有一間間僧侶修道和生活的居所，每個隔間裡有兩張石床

我緊跟著導遊，不漏掉每座石窟的精彩部分。一號窟壁上的《蓮花手菩薩像》（Padmapani）是阿旃陀壁畫的代表作，菩薩右手拈花，造型為印度經典的「三道彎」體態，也就是身體的脖頸、腰臀和膝蓋彎曲使身體呈現S形，臉部的表情亦柔美莊嚴，亦從容神祕。兩千多年前的壁畫色彩依然鮮豔，當時畫師在岩壁塗上泥土，混合牛糞和稻穀，然後抹上石炭，最後才在上面繪畫。導遊說顏色原料多半取自當地的礦石，包括紅、黃、棕色，黑色是木炭，青金石的藍色則來自北印、中亞或波斯，綠色是混合了藍與黃。

十七號窟是由當地貴族開鑿，盡顯皇家氣派，壁畫也保存得最好，描述佛陀前生的故事；十九號和二十六號窟皆為支提窟，十九號有不少佛陀雕像，立柱和壁窗雕刻相當精細；

左：凱拉薩神廟的雕鑿沒有任何縫隙和拼接之處，雕鑿工藝發揮的出神入化

右：埃洛拉石窟群共有三十四座，地勢相對較為平坦，前面有開闊的廣場

二十六號窟的四面窟壁是巨大的佛像浮雕，門前入口一側有座面帶著安祥超脫笑容的佛祖涅槃像。佛像的面容，讓人不由得心靈沉靜下來，心境更加開闊。

我回來後翻閱資料，唐代玄奘大師在《大唐西域記》裡有一段公元六三八年他在石窟修道講學的記載，學者認為玄奘當時停駐的地方，就是在阿旃陀石窟。

二十九座石窟中的壁畫、佛像、佛塔和雕刻等可說是精彩絕倫，讓人驚嘆連連。不過其中卻有數座仍未完成，建到一半就戛然而止，究竟發生了什麼狀況使工匠們突然停工而匆匆離開，至今仍未找出答案。

三教鼎立石窟群

結束阿旃陀石窟之旅後，我轉往奧蘭加巴德的西面，到另一處與阿旃陀石窟並列為印度石窟藝術代表作的埃洛拉石窟。埃洛拉石窟群共有三十四座，開鑿時間大約從公元七世紀到十一世紀，沿著薩雅迪利山自南而北，全長約兩公里。

上：十六號印度教石窟，也就是舉世聞名的凱拉薩神廟，供奉濕婆神
下：凱拉薩神廟氣派恢宏，整座神廟是由一座岩石山雕鑿而成

上：人類和神廟的龐大建築體相比，顯得渺小
下：繁複雕飾的壁面

神廟內部

與阿旃陀不同之處，這裡是佛教、印度教、耆那教三教鼎立的石窟群，比前者規模更加龐大。其中一號至十二號窟屬於佛教，十三到二十九號窟在整座石窟最顯著的中間位置，屬於印度教，排在最北端的三十至三十四號窟屬於耆那教。

埃洛拉石窟的地勢相對較為平坦，前面有開闊的廣場，參觀起來就輕鬆得多。佛教部分的石窟與阿旃陀石窟一樣分為支提和毗訶羅兩種，畢竟開鑿時間晚於阿旃陀，雕刻技術相對上有較大的進步和變化。

凱拉薩神廟舉世聞名

最有代表性的是十六號印度教石窟，也就是舉世聞名的凱拉薩神廟（Kailasa Temple），神廟供奉濕婆神，印度教認為位於喜馬拉雅山脈中的凱拉薩山（Mount Kailasa）是濕婆的居所。神廟石窟氣派恢宏，

左：耆那教石窟內的佛像雕刻更多裝飾
右：耆那教石窟內精細雕琢的石柱

開鑿雕刻方法跟其他地方完全不同，是自上向下開挖，去掉不要的岩石後，留下來的部分就是神廟的造型，整個工程聽說歷時一百五十年。我登上了神廟的最高層，向下俯瞰，就可以看出整座神廟是由一座岩石山雕鑿而成，沒有任何縫隙和拼接之處。雕鑿的工藝能發揮到如此出神入化的境界，真是超乎想像。

最北端的五座耆那教石窟，開鑿建築時間更晚，其石窟內的雕刻更為華麗，比佛教和印度教寺廟雕刻略勝一籌。但受時間所限，我必須趕航班飛回孟買，最後耆那教的石窟，就未能一一細心觀賞了。

匆匆一日遊，這兩座譽滿全球的石窟，使我獲得視覺上的享受，更上了一堂深刻的宗教文化課。

德里、孟買，印度人最多

德里分為新、舊德里兩個城區，人口超過兩千五百萬，是印度人口最多的城市，集首都、政治、經濟、文化於一身；孟買是東西方文化結合和相融的城市，擁有兩千一百多萬人口，它還有寶萊塢世界最大電影工業城的美稱，了解印度基層人民生活，到「人多」的地方去就對了！

印度第一都

二十一世紀西方經濟興起了金磚經濟的風氣，印度被認為是世界的三大經濟體（根據IMF全球購買力評價數據計算），連續幾年印度GDP增長都在7％之上，經濟的增長速度實在不可同日而語。印度不僅是全球人口第二多的國家，是IT軟件大國之一，又是數一數二的電影王國，具有相當大的經濟發展潛力，未來前景絕對不能小覷。

德里是印度的首都，對於印度人的意義，就如北京之於中國，巴黎之於法國。這次我來到北部位於恆河與亞穆納河兩大流域間的德里，很期待來一次精彩的印度首都之行。

德里分為新、舊德里兩個城區，整個城市加起來的總面積有一千四百多平方公里，人口已超過兩千五百萬，成為印度人口最多的城市，集首都、政治、經濟、文化於一身的大都市，更保留著許多歷史文化遺跡。

德里發跡在公元前一世紀

研究認為，印度史詩《摩訶婆羅多》裡記載潘達瓦家族（Pandavas）建立的城市因陀羅普拉沙

灰濛濛一片的印度天空，遠處是印度門

（Indraprastha），其位置就在今天德里的範圍內。孔雀王朝在公元前一世紀重建這座城市，並易名「德里」。

德里的位置在印度西北部，是由陸路進入印度的通道，「德里（Delhi）」在波斯語中就有「門戶」的意思，說明德里地理位置的重要性。歷史上，印度發生過很多次外族入侵，都與德里脫不開關係。德里古城被伊斯蘭勢力征服過很長的歷史，中世紀時期的莫臥兒帝國第五代君主沙賈汗曾將王都從阿格拉遷到德里。到一九一一年，英國殖民統治政權又將英屬印度的首都從加爾各答遷往德里。莫臥兒帝國和英國殖民統治者對這座城市的發展都有相當重要的貢獻。嚴格來講，舊德里基本上是沙賈汗擴建，而新德里就由英國人一手建造。當我走進舊德里，就像來到「一千零一夜」的古伊斯蘭世界，而新德里就像現代世界，新舊兩區差異之大，

國王大道與兩旁的建築

兩者處在同一座城市間，彷彿穿梭古今的時光隧道。

空汙值遠超於北京

我先到新德里中心的里拉皇宮酒店（Leela Palace Hotel）安頓下來，酒店前面是一座園林式的佛誕公園（Buddha Jayanti Park），園內一個人工島上的涼亭中，放置了一尊佛祖坐像，自斯里蘭卡佛祖聖地移植過來的菩提樹種植在涼亭旁。用過午餐後，我在公園蹓躂散步。德里的五月天酷熱非常，不過半小時我已汗流滿面，被迫回酒店歇息。

當天氣溫高達四十多度，熱氣撲面。最令人難受的是空氣汙染，天空總是灰濛濛一片。據全球空氣汙染研究報告，現在德里的汙染已遠遠超過北京，甚至還在繼續惡化。空氣中的細懸浮微粒（PM 2.5）在德里相當嚴重，若在市內走動，很容易喘不過氣來。不過我在路上從未見過戴口罩的印度人，實在佩服他們的適應能力，卻也為他們缺乏危機意識擔憂。一九九〇到二〇一五年這二十五年間，在印度因PM 2.5導致過早死亡的人數已增加了近50%，每年都超過一百一十萬人，更有上升趨勢，相對中國近年來愈加重視和改善市區環境，PM 2.5引起過早死亡的人數，整體上已經穩定下來。在這個問題上，「龍象之爭」似乎有了答案。

我回酒店稍事休整後，接著乘車輕鬆巡遊新德里。經過尼赫魯公園（Nehru Park）、馬球俱樂部和菩薩山森林（Pusa Hill Forest）等地，發現綠樹似乎都蒙上一層灰色塵埃。接著來到康諾特廣場（Connaught Place），它是英國殖民時期留下的環形廣場，連接七條放射狀的大道。廣場周邊是繁華的商業金融區以及購物中心，雲集了國際名牌，不過交通堵塞，空氣也更加混濁。

印度凱旋門——印度門

無奈之下，我轉往市內最有名的國王大道（Rajpath），這條筆直的大路屬於東西走向的中軸線，相當於北京的長安街。導遊特別說明，這條寬闊的中軸線，是印度每年國慶日閱兵的場地，大道兩旁擠滿觀看儀式的觀眾，好不熱鬧。

大道東端是巍峨聳立的印度門（India Gate），猶如巴黎凱旋門，高約四十二米，是為紀念在第一次世界大戰和第三次英阿戰爭中陣亡的戰士而建。

大道兩側是政府的部門，以及印度國會大廈（Sansad Bhavan）等等，還有不少堂皇富麗的皇宮被清幽大道上蔥鬱的綠樹所遮掩，另一端則是德里最美麗、最氣派的印度總統府（Rashtrapati Bhavan）。

印度總統府在一九二九年建成，原本是印度總督府，採用紅色砂石建造，外觀相當氣派大方。它的面積約兩萬平方米，房間就有三百四十間，畫柱、涼亭、噴泉不計其數，另外還有一條三千多米長廊。一座莫臥兒風格的花園種植各色花草，每年只在二月才對外開放。

導遊也幽了自己一默，他說在德里，凡是美麗雄偉的建築，絕大部分都是英國殖民地時期留下來的。整條橫貫東西的中軸線，總督府和周圍主要建築都是由英國的建築師魯琴斯（E. Lutyens）設計，原來想建成純粹的歐式，但遭到當時印度總督哈

甘地紀念館

丁（Hardinge）的反對，主張融合東西方的建築風格，加入許多印度的長廊、涼亭和尖塔，這才變成如今的模樣。

印度獨立後，有名的新建築在德里可說寥若晨星，就連印度門同樣是英殖時期的遺物，我聽了心裡著實感慨萬分。

緬懷印度國父——甘地

新、舊德里中間的交滙處，有一座外表十分簡樸，但是幽靜而肅穆的陵園，它就是受到印度人尊崇的聖雄甘地的甘地紀念館（Raj Ghat）。每逢假日，來自各地的印度人都會前來陵園瞻仰和緬懷他們的國父。

甘地全名是莫罕達斯・卡拉姆昌德・甘地（Mohandas Karamchand Gandhi），生於一八六九年十月二日，他帶領印度人民脫離英國殖民統治，

陵園中央有一座黑色大理石平台，是當年甘地被行刺後火化的地方

走向印度獨立，同時也是印度最偉大的政治領袖。「非暴力」的哲學思想影響全世界民族主義者和爭取和平變革的人士。

陵園前面還有一座甘地博物館。館內除了詳述甘地的生平外，還記載一九四八年一月三十日他被一名狂熱印度教分子槍殺的事件，以及保留當年被殺害時穿著的血衣。館前有塊石碑，銘刻甘地著作《我的印度夢（India of My Dreams）》的一段話。他期待一個公平、公義、平等、尊重婦女的國家，然而他去世將近七十年了，理想中的國家至今依舊貧富懸殊、婦女遭受歧視、階級之分尚未解決，達到「印度夢」理想的國家，還有很長的路要走。

我從陵園外圍的鐵門進入，遵照入園規矩，也懷著對印度國父的尊敬，脫掉鞋襪，赤腳沿著一條中央有噴泉水道的路徑向前走。陵園中央

舊城區街道一景

有一座黑色大理石平台，長寬約三米的四方形陵墓，正是當年甘地被行刺後火化的地方。一盞終年不熄的長明火炬，象徵著甘地精神長存。陵墓上銘刻了甘地被暗殺時最後的呼喊：「啊！羅摩！」羅摩是印度教的神祇，也就是「啊！天啊！」的意思。墓陵後面是茂盛的樹林，是到訪的外國元首和領導人在謁拜甘地陵後栽種的，以示對他的尊敬。

這位一生奉行非暴力主義的聖雄，最後卻慘死在槍殺的暴力事件中，真有種世事弄人的感覺。

踏出陵園，再往前行就是德里舊城。這裡彷彿讓我返回中世紀，與千多米外的新德里簡直是另一個世界。蜘蛛網狀的街道巷弄非常狹窄，到處是攤檔和各式各樣的交通工具，最恐怖是左右穿插的嘟嘟車，走在路上，真是險象環生！

舊德里中心——紅堡

舊德里最顯著之處是充滿了伊斯蘭的氣息，這是由於莫臥兒帝國在此留下許多伊斯蘭的建築，包括城堡、陵墓、花園等。舊德里以紅堡（Red Fort）為中心，是莫臥兒帝國第五代君主沙賈汗從阿格拉遷都於此後，由他著手興建的，最終由第六代君主，也就是他的兒子奧朗則布來完成。

紅堡又叫做拉爾・奎拉城堡（Lal Qila），建於一六三九至一六四八年間。我在印度各地參觀的城堡，大多數都建在山丘上，可是紅堡卻很特別，是建在亞穆納河畔的平地，拔地而起。它四周環繞兩公里多的紅砂岩城牆，高約二十多米，朝西的正門拉合爾門（Lahori Gate）和後面的八角塔樓，更高達三十多米。才剛進入舊城，就可感受到它巍峨壯闊的氣派。

紅堡雖然氣派非凡，卻無法保住莫臥兒帝國的政權。一七三九年，波斯大軍攻入德里，掠奪了大量的珠寶珍品；一八五七年一場反英的民族起義戰爭中，最後一任君主巴哈杜爾・沙・札法爾更被英國人打敗，遭到流放，堡內的珍藏被劫掠一空，紅堡損毀更是嚴重，還改為英軍兵營使用。原來輝煌建築的十四座城門，僅留下了五座，其餘都分別坍塌了，叫人不勝唏噓！

1：紅堡朝西的正門拉合爾門

2：紅堡在亞穆納河畔的平地，拔地而起

3：紅堡原來輝煌建築的十四座城門，僅留下了五座

4：紅堡的私人大廳

街景

紅堡跟阿格拉堡、琥珀堡等同屬莫臥兒帝國的產物，所以格局非常相似，建築材料就地取材，用印度的紅砂岩作建材。不過私人大廳比較有特色，是採用白色大理石建造，廳內鑲嵌著瑪瑙和寶石，又有彩色玻璃的屏風，是紅堡內最尊貴的建築。一七三九年波斯大軍攻入時，肆意破壞，屠殺人民，更把私人大廳中鑲滿寶石的孔雀寶座，也就是沙賈汗遷都時從阿格拉堡帶來的那個王座當成戰利品搶走。

私人大廳旁還有清一色白色大理石的建築，包括君王的私人宮殿——哈斯瑪哈勒（Khas Mahal），殿內有一幅大理石簾幕，雕刻得非常精緻；彩宮（Rang Mahal）又叫做鏡宮，顧名思義裡面鑲滿鏡子，透過光線的折射，把宮內映照得更加晶亮華麗；還有專供後宮女眷使用的明珠清真寺（Moti Masjid）等。當然紅堡內也缺少不了

左：等待客人的人力車
右：路邊的小吃攤檔

莫臥兒式幾何圖案設計的花園。

紅堡前面有一條馬路，今天成了車水馬龍的主要幹道，我走出拉合爾門，避過橫衝直撞的各種車輛，走進一個聚集許多古舊矮小平房的區域，有人把它稱做月光集市（Chandni Chowk），因為集中許多金銀飾物的市場，又叫「銀道」。這兒到處是肩摩踵接、人車爭路的喧嘩景象，像市集、大賣場，更像一處交通運輸的通道，可以見到搬運貨物的人力車，頭頂貨物的人、還有馬車和牛車；另外也像繁華的商業區，香料、紗麗、水果等商品，五花八門，應有盡有。只要旅客踏進有興趣的攤檔或商店，都有熱情的店員相迎，不但價錢平宜，更有大幅的砍價空間呢！

導遊鼓舌如簧，向我介紹集市中的百年老店——Karim's餐廳，他說老闆的祖先是莫臥兒王朝的御廚，烤雞和烤羊的味道絕佳，顧客大排長龍，其門如市，來到德里，千萬不要錯過。可是我一直謹記老友Bashir的忠告，要我別在酒店以外的地方飲食，否則很容易上吐下瀉，患上疾病。我不敢冒險，只好婉拒導遊的好意。

舊德里的老情懷

一七三九年德里遭逢戰禍，據說經此一役，月光集市中有一連串用來裝飾的噴水池都被毀壞，當年華麗的景況再不復存。月光集市是一條長一點五公里的路，裡面保留多元的宗教寺廟文化，包括清真寺、耆那教、印度教和錫克教的寺廟等等。集市的入口東西兩旁就有兩座風格、宗教不同的寺廟，左右一紅一白相映成趣。

全印度最大的清真寺

不過我並未多加理會這兩座寺廟，一心只想參觀在集市中心的賈瑪清真寺（Jama Masjid），它是全印度最大的清真寺。我以三輪車代步，穿梭在熙來攘往的集市中，藉機趁墟一番，湊湊熱鬧。

賈瑪清真寺也是沙賈汗的傑作，可以說他是一位天才的設計師和狂熱的建築師。這座清真寺花了十四年時間，由一六四四年動工，至一六五八年才完工，動用龐大的人力和財力。清真寺四面以紅砂岩包圍，面積約一千兩百平方米，設有三座巍然屹立的大門。清真寺相當獨特之處在於沒有使用木頭作為建材，只採用大理石，以鉛灌封作加固，所以十分堅穩。

賈瑪清真寺三十多級的岩石階梯

1：賈瑪清真寺四方形廣場，中間的淨洗池提供教徒禮拜前淨洗

2：雖然不是周五例行的主麻日，仍有相當多的教徒頂禮祈禱

3：古德卜高塔是根一柱擎天的紅砂岩五層高塔，具有圓筒形的外觀

4：壯觀的四方形廣場

我登上三十多級的岩石階梯進入寺內，面前是寬敞的四方形廣場，同時可以容納兩萬五千名教徒做禮拜，中間的淨洗池提供教徒禮拜前淨洗。這天雖然不是周五例行的主麻日，仍有相當多的教徒頂禮祈禱。

清真寺的主體建築就在廣場前，頂部有三個洋蔥形的大圓頂，中央最大的高達三十米，三個圓頂上都有黑色大理石的條紋點綴。牆壁和拱廊都採用紅砂岩和白色大理石交錯，顏色搭配得宜，飾以花紋圖案的雕刻，看起來十分莊嚴美觀。

兩支高四十多米的宣禮塔豎立在寺的兩旁，若非考慮到自己的體力，我早就登上一百三十階直至塔頂，居高臨下俯瞰德里了。

全印度歷史最久清真寺

德里除了這座全印度最大的清真寺外，還擁有全印度歷史最悠久的奎瓦吐勒清真寺（Quwwatul Islam Mosque）遺址。奎瓦吐勒清真寺遺址座落在市郊外十五公里的古德卜考古區（Qutub Archaeological Area），鄰近麥夸烏里考古公園（Mehrauli Archaeological Park），整個園地占地達兩百多公頃，範圍很大，裡面有一百多座歷史紀念碑，是研究印度歷代王朝的露天博物館。

古德卜高塔身上的雕飾花紋

因為公園面積大、建築多，我便將重心集中在古德卜考古區，按旅遊指引先來到古德卜高塔（Qutub Minar，或譯為顧特卜塔、古達明納塔、加德古塔）。它是根一柱擎天、高聳入雲的紅砂岩五層高塔，具有圓筒形的外觀。導遊介紹它本來有百米高，後來經過地震，坍塌至七十二米。塔的最高兩層是用大理石與紅砂岩混合，用來承托高塔的下面三層就純粹用紅砂岩作材料，每層分別有橫條浮雕飾帶作裝飾，雕刻著阿拉伯圖紋和可蘭經銘文，又配上印度蓮花、蔓藤圖案花紋等，巧妙地融合了印度教和伊斯蘭教兩種文化藝術。

全印度最高塔

高塔是全印度最高的塔，由德里蘇丹國第一個王朝首任蘇丹古德卜・烏德・汀・艾巴克（Qutab-ud-din-Aibak）下令建造，他本是一位奴隸，因此王朝又被稱為奴隸王朝。高塔為的是紀念一一九二年阿富汗伊斯蘭教徒征服印度教拉杰普特人，所以又叫「勝利之塔」，施工時間從一一九三到一三六八年，長達一百七十多年，儘管如此，建築風格仍然能夠和諧統一，真是難得。

奎瓦吐勒清真寺石柱

勝利之塔旁邊就是奎瓦吐勒清真寺，它也是同樣一位蘇丹在一一九三年建造，四年後就竣工了。清真寺是以原印度教毗濕奴神廟為基礎擴建起來，所以不難發現石柱和廊頂都留有印度教神像和圖騰的痕跡。由於清真寺只留下殘壁和梁柱，看不出本來面貌，唯有在中庭的地方，遺留一根高約七米的鐵柱。鐵柱重約六噸，豎立時間遠比清真寺更久遠，上面刻有梵文，註明出處和來歷，估計是公元四世紀時紀念笈多王朝其中一位君主。最讓人嘖嘖稱奇是鐵柱歷經千年，依然光滑如昔，未有鏽色，據說鐵柱的含鐵純度幾乎是百分之百，古代鑄鐵技術之高明，令人驚嘆。

清真寺另一邊殘留一座未完工的阿萊高塔（Alai Minar），德里蘇丹國第二個王朝——卡爾吉王朝的蘇丹阿拉烏丁（Ala-ud-Din）計畫要把它建成比古德卜高塔還高兩倍的高塔，可惜當建到二十五米時，他的去世把宏願擱置了。高塔殘留的基柱一直荒廢到現在，徒讓人追憶。

左：胡馬雍陵主體建築
中：奎瓦吐勒清真寺廊頂
右：奎瓦吐勒清真寺只剩殘壁和梁柱，以及中庭遺留一根高約七米的鐵柱

莫臥兒帝國建築代表作

胡馬雍陵（Humayun's Tomb）是我下一個行程，也是德里一個重要建築，一五六五年由莫臥兒第二位君主胡馬雍的妃子下令建造，至一五七二年完工，一九九三年被收錄在世界遺產名錄，是莫臥兒帝國第一座重要建築，融合印度和伊斯蘭元素，雖然規模和奢華程度遠遠不及後來的泰姬陵，亦不失作為莫臥兒帝國建築的代表作。

我數度遊歷北印度金三角城市，每每到訪，都會參觀城堡、陵園、清真寺等，對莫臥兒的建築風格、布局真是越來越熟悉。一走進陵園，就發現它跟賈瑪清真寺的外觀真有點雷同，主體建築都是紅砂岩和白色大理石相間，還有巨大的穹頂、圓頂涼亭、砂岩雕窗，以及莫臥兒式花園。陵墓中央放置白色的空棺，胡馬雍的遺體就安置在地下，如泰姬陵一般。

上：巨大的穹頂
下：同在胡馬雍陵區內的另一個伊薩汗之墓

左：蓮花寺的外型像一朵大型的白色蓮花，屬於巴海教的靈曦堂，也就是禮拜場所
右：阿克薩達姆神廟是目前最大的印度教廟宇

綠水碧波上的蓮花

德里還有兩個現代新穎風格的建築物，也就是蓮花寺（Lotus Temple）和阿克薩達姆神廟（Swaminarayan Akshardham）。

蓮花寺的外型像一朵大型的白色蓮花，屬於巴海教（Bahá'í Faith，或譯為巴哈伊信仰）的靈曦堂，也就是禮拜場所。巴海教是個年輕宗教，它的前身是巴比教，由一八一九年出生在伊朗的富家子弟巴孛（原名Sayyid Ali Muhammad賽義德．阿里．穆罕默德）所創，二十五歲時，他自稱是上帝顯聖者，將引領世界走向大同。後來被伊朗國王視為異端，將他逮捕，並於一八五〇年七月槍決。據說行刑時，他和幾個信徒在第一輪子彈掃射後，居然安然無損，直到第二輪掃射，才撒手人寰，此事被信徒們視為神跡。其後，伊朗人巴哈奧拉（Bahá'u'lláh）成為他的繼任者，一八六三年創立了巴海教，以宣揚人類和平統一，宗教與科學和諧等為教義。創立至今，已有數百萬的信徒。

蓮花寺由伊朗設計師Fariborz Sahba設計，於一九八六年建成。蓮花共分為二十七瓣，各自是獨立的大理石花瓣，排成三層，每層共有九瓣。光潔的花瓣在陽光下更顯得神聖純淨，同時它又在綠茵草坪間，被九個水池環繞，遠遠看去，像是一朵飄浮在綠水碧波上的蓮花，非常靈動。從建築的設計構思來看，的確非常特別，加上蓮花寺向公眾開放，並沒有任何參觀限制或儀式，難怪每年吸引來自世界各地的旅客。聽導遊說，遊覽的人數已超過泰姬陵了。

全印度最大的印度教廟宇

阿克薩達姆神廟比蓮花寺更新，動用萬名工人，斥資二十億盧比，耗時將近五年，到二〇〇五年十一月才落成對外開放。就規模來說，是最大的印度教廟宇。神廟採用粉紅砂岩和白色大理石當建材，最引人注目的是主殿內中央有一尊三米高的巴格萬．斯瓦米納拉揚（Bhagwan Swaminarayan）金色神像，祂是一位十八、九世紀的聖人，除了發揚印度教精神與心靈，並致力社會運動，包括婦女改革。殿內四面有柱廊環繞，刻著印度史詩故事。神廟更採用許多現代化先進科技及聲光效果，用來展示傳統的文化和宗教，例如廟內的電影廳每天放映印度宗教故事，值得一看。此外，廟內設有購物中心和餐廳，猶如一座以宗教為名的主題樂園，商業氣氛甚濃，因而神聖氛圍和靈性就不能與印度教的神廟混為一談了。

孟買處處有驚喜

遊孟買，令人處處有驚喜。

孟買是印度馬哈拉施特拉邦（Maharashtra）的首府，擁有兩千一百多萬人口，人口僅次於首都德里，它是東西方文化結合和相融的城市，也是印度的金融經貿中心，還有寶萊塢這世界最大電影工業城的美稱，更是一處充滿動感的旅遊城市。

自二〇一三年開始，孟買已經成為我頻繁往來的城市之一。幾年來我們在這裡建立了有數十位員工的業務中心，認識不少朋友，也逐漸對這座城市增加一份熟悉、親切的感覺。

小漁村發跡成大都會

孟買位於印度西海岸，在十六世紀曾經是葡萄牙人的殖民地。當時孟買是由七個小島組成，是阿拉伯海上的一個小漁村。一六六一年，葡萄牙公主嫁給英皇查理二世，孟買便作為嫁妝送給英國，改名做Bombay。一六六八年，孟買被轉租給了英國東印度公司，於是英國人開始填海築橋，用長堤連接起小島，逐漸將小島改變成半島。

在英國人統治近三百年之間，孟買發展成東西海上貿易的樞紐，雲集世界各地的商人，城市繁榮起來。如今在市區依然可以找到許多歐式和哥德式的建築物，可以想像昔日繁榮的歷史。

一九九五年十一月二十二日，孟買的政府為了將殖民時期的許多名稱改掉，因此孟買的英文拼寫方式正式從Bombay變為Mumbai。

孟買背山臨海，南端是旅客雲集的地方，集中許多高級酒店和餐館。北面是古堡區（Fort），原本是英國人統治期間的行政中心。沿著西海岸線是豪華高級住宅區，北面海灣上則是大型貨輪等的停泊碼頭。

記得我第一次來到孟買，正是深夜時分，從飛機舷窗向下望，市區萬家燈火，猶如天上的點點繁星。

從賈特拉帕蒂・西瓦吉國際機場（Chhatrapati Shivaji International Airport）返回酒店，三十五公里的距離不過半小時就順利到達。然而司機跟我說，此時剛好夜闌人靜，交通順暢，若是白天上班時間，路上的情況就完全不同了，交通繁忙，經常堵滿來往的車輛。在往後的日子裡，也的確讓我見識和領教到交通堵塞的可怕。

印度門與孟買港口

印度門廣場的鴿子和烏鴉

為了上下班方便，每次到孟買，我一般都會下榻泰姬瑪哈酒店（Taj Mahal Palace & Tower）。酒店分為舊翼和新翼兩棟，除了面對孟買港口海邊，前面百米外是地標建築印度門（Gateway of India），也臨近商業區和博物館，購物參觀都非常方便。

我習慣清晨步行到印度門的廣場，等候旭日東升。當紅彤彤的太陽躍出海面，給恬靜的海灣抹上金光，朝陽的照射把背後的印度門和兩棟酒店大樓映得更加豔麗，像披上色彩絢麗的紗麗。因為時間尚早，海面上停泊著輪渡和遊艇，一片寧靜。相反廣場卻另有一番熱鬧景象，覓食的鴿子和烏鴉一早就占領了廣場，當行人走近時，頃刻間逾千隻鳥兒拍翼齊飛，天空黑壓壓一片，險些被牠們掩蔽起來，非常震撼。

這場景令我想起三十多年前一部恐怖大師希治閣（Sir Alfred Hitchcock，臺灣譯為希區考克）的電影《鳥（The Birds）》，那令人戰慄的一幕。牠們並未因此而飛離廣場，一會兒又故態復萌，繼續「占領」廣場。

民族英雄與哲學家

印度門廣場上，豎立兩座銅像，一座是騎在馬上的西瓦吉（Chhatrapati Shivaji），他創建的印度教馬拉塔帝國對抗伊斯蘭教的莫臥兒帝國，是印度的民族英雄。另一座站立的銅像是近代傑出哲學家斯瓦米・維韋卡南達（Swami Vivekananda，又名Narendranath Datta，中文譯為辨喜），他同時是社會活動家和宗教改革家，哲學思想被稱為新吠檀多主義，就是他將冥想、瑜珈和印度的靈性文化介紹到西方。

騎在馬上的西瓦吉創建印度教馬拉塔帝國

最讓人感到不舒服的是見到露宿的乞丐和流浪漢，他們衣衫骯髒凌亂，滿地狼藉。第一次到孟買遇到這般環境，我也不敢久留，馬上返回酒店。後來熟悉了，就用不著擔心了。

象徵孟買的印度門建於一九一一年，面對孟買灣，名稱和德里的印度門重複，但意義並不相同。這座巍巍宏大的拱門，是古吉拉特式建築風格，高二十六米，以玄武岩為建材，上面有四座修飾得精美的塔樓。一九一一年為歡迎英皇喬治五世和瑪麗皇后訪問而建，他們就在此登岸入城，展現宗主國的顯赫地位。大廣場可容納六百多人，像巴黎的凱旋門一樣，每天從早到晚都擠滿了旅客。不過到了一九四七年印度獨立時，英國的官員以及最後一支英國守軍也從這城門撤離印度，極為諷刺。

民族自尊的覺醒

相反地，泰姬瑪哈酒店就代表了印度人的民族自尊，它由全印度最大的集團公司——印度塔塔集團擁有。這座外觀融合印度拉杰普特、伊斯蘭和歐式風格的酒店建成於一九〇三年，當時仍在英國殖民統治時期，塔塔集團的老闆來到孟買一家酒店用餐，不料該酒店種族歧視，只接待歐洲人。他被拒於門外，感到民族自尊心受損，下定決心自己把酒店建起來，為印度人爭回一口氣。目前酒店交由塔塔集團旗下的泰姬瑪哈酒店與假日宮殿公司集團負責管理，早先到過的白城湖宮酒店以及藍城烏麥巴哈旺皇宮現在都同樣是這個集團的一分子。

現在酒店門前日夜有保安把守，無論是誰進出酒店一律要經過安檢，原因是二〇〇八年十一月孟買曾發生一連串的恐怖攻擊，泰姬瑪哈酒店

左：近代傑出哲學家斯瓦米・維韋卡南達，將冥想、瑜珈和印度的靈性文化介紹到西方

右：泰姬瑪哈酒店

也是恐怖分子的目標之一，當時的襲擊造成慘烈的傷亡，酒店亦遭到破壞。經過兩年維修，直到二〇一〇年才重新營業。

我很幸運每次下榻酒店，都被安排到面向海灣的房間，任何時候都能眺望波光粼粼的大海，盡情欣賞夕陽西下、晚霞輝映、漁船滿載而歸的畫面。

孟買市區巡禮

在印度人眼中，孟買是他們引以為豪的繁華大城市。不僅替全印度貢獻了相當顯著的經濟效益，例如每年提供10％的就業機會、利得稅（所得稅）收入達40％、關稅60％和特許權稅20％等。此外，全國大型的企業總部以及外國的商業機構都紛紛在城內設立，更讓印度人覺得孟買是世界級大城市。常有人拿孟買和上海相比較，甚至認為上海遠遠落後於孟買，若要趕上，非得要二十年時間不可！我不清楚這是誰提出的比較，這說法到底是出自印度人的愛國情懷，還是「夜郎自大」，但根據我多次親身來往上海和孟買，兩個大城市孰高孰低，其實在我心中早已有數了。

在孟買，古文明與現代文明並存，印度文明與西方文明同行。孟買的象島石窟代表了古印度的宗教文明，而在鬧市中的恰德拉巴蒂・西瓦吉火車總站（Chhatrapati Shivaji Terminus railway station），正好代表印度殖民時期的西方文明。

左：恰德拉巴蒂・西瓦吉火車總站是印度最繁忙的火車站之一

右：位在孟買鬧市中的恰德拉巴蒂・西瓦吉火車總站，代表印度殖民時期的西方文明，二〇〇四年被列入世界文化遺產名錄

鬧市中的世界文化遺產

從泰姬瑪哈酒店到火車總站距離不到兩公里遠，雖然可以欣賞殖民帝國留下的建築成就，然而這段短短路程，卻得要耗上一個多鐘頭的行車時間，市區道路交通擠堵的情況遠比想像還要嚴重得多。儘管近年來市政府對於牛、馬車和嘟嘟車在市內的行駛加以限制，擁擠的情況依舊。當地印度朋友早就習以為常，但可苦了外地人。

火車總站外觀壯麗豪華，橫看豎看都不像火車站，倒不如說是一座維多利亞時期義大利哥德式建築與傳統印度建築風格互相結合的龐大教堂。它自一八七八年始建，到一八八八年才完成，更為了紀念當時在位的維多利亞女皇，把火車站命名為「維多利亞終點站（Victoria Terminus）」。自火車站開始啟用後，旅客熙來攘往，一直是印度最繁忙的火車站之一。一九九六年才更改為印度民族英雄西瓦吉的名字。二〇〇四年，它被列入世界文化遺產名錄內。

由於火車站周圍是低矮老舊的房屋和商店，使得火車站的豪華形象更顯突出，華麗的外觀因而被譽為是世界上最漂亮的鐵路建築之一。

二〇〇八年十一月孟買遭受一連串的恐怖襲擊，火車站就是主要目標之一，傷亡非常慘重。內部也遭受破壞。時隔多年，不知內部修復的情形如何，我進入火車站大堂時，就刻意觀察了下。不料那些精雕細琢裝飾的羅馬柱穹頂、圓型彩繪的窗戶、拼花大理石的地板，以及站內的木雕、壁磚、銅扶手和欄杆等等，都有不同程度的失修和髒汙，原本應該鮮豔的色彩也都斑駁脫落，加上站內昏暗的燈光，景象顯得蒼涼破敗。站內外的差異實在太大，世界文化遺產如此疏於維護，實在太不應該！

孟買市區還有不少景點，例如維多利亞花園（Victoria Gardens），園內除了美麗的花園景觀外，還有動物園，以及一所博物館。那尊從象島搬移過來的石象也擺放在園內。另有一條號稱全世界最長的黃金首飾街（Zaveri Bazaar），那裡聚集上百間店家，各種黃金、珠寶飾品交易熱絡，到處都是金光燦燦，是印度人最愛逛的集市之一。

當地極有名氣的一座標誌性建築為哈吉・阿里清真寺（Haji Ali Dargah），又叫做海上清真寺，修建在海中的小島上，由一條從岸上伸延出去的長堤連接。遇上漲潮時，長堤會被潮水淹沒，清真寺就仿如飄浮在大海上，很有特色。這天剛好遇上周五主麻日，聽說朝拜信徒非常多，我只好打消湊這熱鬧的念頭。

左：馬尼・巴芬甘地紀念館，是印度人尊崇為聖雄的甘地故居
右：甘地肖像

緊挨著海上清真寺的是另一座馬哈拉克希米神廟（Mahalaxmi Temple），供奉著財富女神拉克希米（Lakshimi，或譯為吉祥天女），她是三大主神之一毗濕奴的妻子。據說寺廟非常靈驗，是當地香火旺盛的寺廟之一。

甘地故居

回程路上，我順道參觀了馬尼・巴芬甘地紀念館（Mani Bhavan，Gandhi Memorial Museum）。這是一座三層樓結構的平房，座落在環境清幽的街道上，是印度人尊崇為聖雄的甘地故居。對於這位領導印度人民採用非暴力抗爭取得獨立的偉大人物，我其實並不熟悉，所以藉由這次參觀紀念館，從他的遺物、照片、資料等等陳列的內容，初步瞭解到他的生平事跡。他居住過的臥室簡樸潔淨，地板上擺著白色床單和枕頭，以及用過的手紡車。室內釘著一塊銅牌，說明甘地曾在一九三二年一月四日凌晨被捕，正是在故居的陽台上。

古色古香的歐式建築掩映在綠蔭間

上：甘地臥室

下：全印度最大的威爾士王子西印度博物館，一九九八年被改為西瓦吉國王博物館

古堡區內的博物館

使我留下較深刻印象的，要算舊城的古堡區了。區內留下許多英國殖民時代的建築，街道兩旁，孟買大學、高等法院、鐘塔等古色古香的歐式建築掩映在綠蔭間，彷彿置身於倫敦大街小巷。

聽印度朋友的介紹，賈汗吉爾美術館（Jehangir Art Gallery）和全印度最大的威爾士王子西印度博物館都很值得參觀。不過時間所限，只有二擇其一，放棄了美術館，將重心擺在博物館了。博物館是為歡迎英國威爾士王子，也就是日後的喬治五世於一九〇五年訪印度而建的。此館的名稱在一九九八年被改為Chhatrapati Shivaji Maharaj Vastu Sangrahalaya，意思為西瓦吉國王博物館，以紀念創建馬拉塔帝國對抗莫臥兒帝國的民族英雄。博物館占地三英畝，主體建築是一座三層大樓，用玄武石建成，前面一片綠茵草地，植滿棕櫚樹，環境優美。

館內收藏品眾多，超過六萬多件，主要分為美術、考古和自然歷史三部分，收藏了來自印度各地區和不同時期的神像、雕刻、藝術品和標本等，藏品豐富，琳瑯滿目。我不得不多花點時間流連館

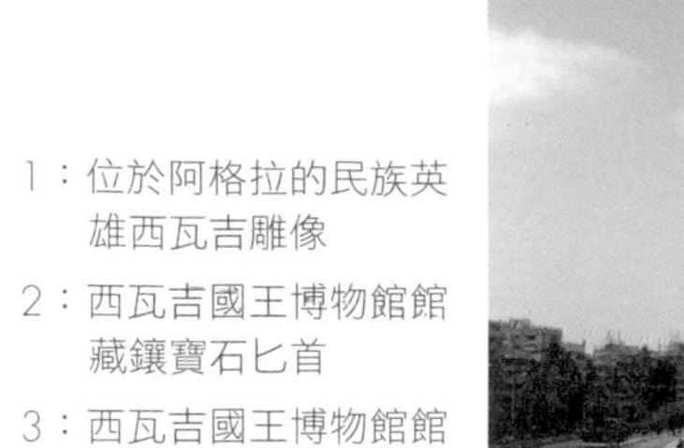

1：位於阿格拉的民族英雄西瓦吉雕像

2：西瓦吉國王博物館館藏鑲寶石匕首

3：西瓦吉國王博物館館藏印度女戰神杜爾迦雕像

4：長長的海濱大道形狀有如一彎新月，貌似上海的外灘

內，細心欣賞。

離開博物館時，已屆夕陽西下。我轉到一條面對後灣（Back Bay）的海濱大道（Marine Drive），這一條林蔭大道長達三公里多，不少二〇、三〇年代風格的歐式舊建築，早就是繁榮商業區，商店、餐廳和酒店鱗次櫛比，面對後灣和阿拉伯海，景色怡人。

濱海大道很寬闊，行車順暢，挨著海堤還有一條步行道，從馬拉巴山一路伸延到另一端的中央商業區納里曼點（Nariman Point）。我眺望遠方的納里曼點，一座座高聳的現代化商業大樓，近年如雨後春筍，有最高的三百零五米的TV Tower、一百九十一米的The Rubys、兩百五十米的Ahuja Tower，還有建築中的Oasis Tower等等，新區的發展潛力，不容忽視。

長長的海濱大道形狀有如一彎新月，貌似上海的外灘，而納里曼點又跟浦東經濟新區很相似。每逢傍晚是旅客們觀賞日落美景的地方，成為居民散步、談心和乘涼的好去處。夜間華燈初上的大道，一列亮起的路燈就如一條閃亮的項鍊，孟買也憑藉它而獲得了「女王項鍊（Queen's Necklace）」的美譽。

探訪窮人的生活圈

孟買市區中心存在著兩個截然不同的世界：孟買既是億萬富豪的天堂，有堪稱「富人天堂」的摩天大樓；又是赤貧窮人的地獄，逾百萬人蝸居在貧民窟內。

先來介紹天堂。

每當我往返孟買商業區，途中都會見到一棟設計新潮的摩天大樓，大樓名稱叫做安緹莉亞（Antilia），樓高一百七十三米，共有二十七層，外觀設計猶如俄羅斯方塊般一層層疊砌上去。每次路過時，我總會多望幾眼，欣賞這獨樹一幟的設計。這棟大樓是世界上最昂貴的私人豪宅，價值達十億美元，主人是印度首富信誠集團（Reliance Group）主席穆克什・安巴尼（Mukesh Ambani）。

世界上最昂貴的私人豪宅

大宅的內部布置，毫無疑問離不開奢華兩字，大樓的居住面積共有三萬七千平方米，卻只有主人夫婦、三個小孩和穆克什・安巴尼的母親等六人居住，而為大宅服務的管理人員、保安和傭人卻有六百多人。當中有六層是可停放一百六十輛車的停車庫，兩層樓是應有盡有的娛樂設施，包括可坐五十個觀眾的私人電影院、瑜珈廳、舞廳、健身房、桑拿房、泳池等等，直昇機坪也有三個，內部電梯有九部。如此誇張的設備，著實令人瞠目結舌，我這才了解何謂真正的「豪宅」。稱它做富人的天堂，我相信應無人會反對吧。

我到孟買多次，都僅路過這座富人天堂，從未有機會入內參觀。不過天堂無法進去，倒是往地獄走了一遭。

奢華的安緹莉亞大樓

貧民窟在孟買市中心

所謂的地獄，同樣在孟買市中心繁華地段，剛好在商業區和機場之間，這就是臭名昭著的達拉維貧民窟（Dharavi Slum），它是亞洲最大、世界第二大的貧民窟，規模僅次於我也曾經去過的巴西里約Rocinha貧民窟。

印度生活在貧窮線以下的窮人不少，數目就幾乎占全人口的一半，約六億多。據說他們擁有的衣服就是身上的那一套，每天顧得了這頓飯，就顧不得下一頓。我未聽老朋友Bashir的勸告，頂著高溫，在導遊的陪伴下，決心闖入「地獄」，一探孟買最大的貧民窟，想要多些了解貧民窟內的生活。

城市火車通向貧乏

這也是我首次擠上了印度的城市火車。車廂內設備簡單，且沒有車門。乘客不少，大家或站或坐。從窗外看去，火車沿軌道飛奔，兩側盡是混亂不堪的帳篷、鐵皮廢料搭建的棚屋，原來貧民窟就夾在孟買兩條鐵路幹線之間，占地約一點七五平方公里，住著百萬人口。

1：火車內部

2：火車車廂都沒有車門

3：火車站髒亂不堪

4：軌道兩側盡是混亂不堪的帳篷、鐵皮廢料搭建的棚屋

鐵片搭成的簡陋房舍、溝渠的水已髒汙成墨綠色

下車的時候，我好不容易穿過擁擠的乘客，此時陣陣垃圾的臭味隨風撲來，從月台上望見下方的棚屋，感覺情況遠比巴西里約更惡劣。棚屋用各種不同的廢物材料搭蓋起來，彼此緊貼，每間的面積非常狹小，卻住著一家幾口人。用木板簡單地分隔成兩層，每層的高度不到一點五米，住戶進出都得彎身，否則很容易碰到頭。棚屋裡裡外外都掛滿衣服和雜物，門前則堆滿各式各樣的水桶、雜物和垃圾等。

棚屋外圍，不少袒胸露背的中、老年人或坐或臥。婦女們亦沒有顧忌，在門口洗頭髮、洗衣服或煮食。小孩看起來沒有人看管，光著身子在泥土地上玩耍，陪伴他們的是在垃圾堆覓食的流浪野貓野狗，這些情景看了讓人感到鼻酸。

簡陋且唯一的遊樂器材，擠滿兒童

我壯起膽子，亦步亦趨緊跟著導遊，繼續往貧民窟內深入。區內的小巷不到半米寬，錯綜複雜有如迷宮。雜物、生活用品和垃圾混在一起，很難把它們分別開來。溝渠的水汙染成墨綠色，一陣陣噁心的腥臭味湧上來，空氣非常混濁。我走在潮濕骯髒的小巷，稍不留神就會踏到溢出來的汙水，最尷尬的是還見到大人、小孩在小巷中便溺。後來我才知道貧民窟的公用廁所非常少，平均一千五百人才使用一個公廁，導遊表示，若遇到此景，毋須大驚小怪。

貧民窟除了居住的用途之外，其實還有萬家簡陋的作坊，像是皮革、燒製陶器、製衣、廢物回收等，不過多屬於汙染性的行業，使得環境越來越糟。作坊還僱用不少未成年的童工，他們赤著上身、光著腳，日以繼夜在陰暗的車間工作，換來相當微薄的生活費，完全不顧及安全和健康。想到他們這樣的處境，就替他們感到難過。

我在地獄般的貧民窟待了將近兩個多小時，終於平安無恙地撤離。在路口遇到幾位搬運廢料的小伙子，他們毫無芥蒂，熱情地迎上來與我合照，使我本來忐忑不安的心情一掃而空。

導遊告訴我，過去很長一段時間，人們對於達拉維貧民窟的印象很差，認為是不法分子聚集、各類毒品非法交易的地方。不過近年引起政府注意，已開始著手改善區內環境，包括提供電力和自來水、增建醫院和學校，甚至在附近建起廉價房屋，希望區內的貧民遷移出去。不過截至目前為止，效果不好，大部分貧民寧願留在區內不願撤離。

1：沒有工作的成人在巷道間閒坐

2：孩童在堆滿廢棄物的門口遊玩

3：汙染性的行業，十分危險

4：在路口遇到幾位搬遷廢料的小伙子，他們毫無芥蒂，熱情地迎上來與我合照

作坊還僱用不少未成年的童工

洗衣場占地面積約三、四個足球場，場內有一排又一排的洗衣槽

自二〇〇八年電影《貧民窟的百萬富翁》（Slumdog Millionaire，臺灣譯為《貧民百萬富翁》）公映後，引來世界各地的旅客注意，成為孟買一時無兩的旅遊熱點。

千人洗衣場

距離達拉維貧民窟不遠的馬哈拉克西米火車站南邊（Mahalakshmi Railway Station），有一個著名的露天洗衣場（Dhobi Ghat），是孟買甚至全印度最大的洗衣場。我跟著導遊來到觀看洗衣場的最佳地點——火車站旁邊的天橋，向下眺望，把這個逾百年歷史的露天洗衣場盡收眼底。

洗衣場占地面積約三、四個足球場，場內有一排又一排的洗衣槽。聽導遊說，政府當年修建這個洗衣場，可提供五千個洗衣工人同時為全城的市民服務。其實這是孟買政府當時一項惠民的工程，

左：洗衣工人洗衣、晾曬分工處理，很少發生出錯的狀況
右：洗衣工人長期接觸化學洗劑或是帶有病菌的衣物，難免遭到感染，是值得重視的問題

希望可以解決市民在旱季時洗衣服遭遇的缺水難題，並且讓低種姓的洗衣工人有出路。德比（Dhobi）是一種賤民的種姓，是洗衣工人的世襲職業。

目前這個露天洗衣場已經為市民服務了百多年，直到今天進入機械化的社會，它仍然受到很多酒店、醫院和家庭的光顧。原因很簡單，洗衣場收取非常低廉的費用，聽說洗一條牛仔褲不只過是五元盧比（約新台幣兩元）。

工人每天把收集來的數千公斤衣物、床單和被褥等，分別進行洗滌，先把衣服浸泡在水槽的肥皂水中，然後取出來拍打、揉搓，洗淨後掛在竹竿和繩索上，待晾乾後再上漿、熨燙，然後分發送返。他們有條不紊的分工處理，很少發生出錯的狀況，實在令人佩服。

不過人工洗滌一方面要對抗時下快速方便的洗衣機，一方面現代環境汙染和衛生問題尚未受到重視，工人長期接觸化學洗劑或是帶有病菌的衣物，難免遭到感染，這都是值得重視的問題。

近十年來，住在貧民窟的窮人和洗衣工人不減反增，除了印度人外，還有不少是來自農村和孟加拉、巴基斯坦的難民。儘管政府開始關注這些社會問題，且為此興建廉價公寓，但為何這些人卻都不大願意搬遷，寧願繼續守著家徒四壁的簡陋棚屋？

印度夢

原來印度作為民主國家，公民有「遷徙自由」和「乞討自由」的權利，政府無權阻止和干涉農村人民和外地人湧入城市，農民來到城市，沒有職業，沒有固定收入，唯有占地搭起棚屋。孟買貧民窟的居民，也是手握選票的，這兒人口達到百萬，是每次政黨爭取選票的集中地，容易在區內爭取選票，也是政府不願強制拆遷貧民窟的原因。

不僅如此，蝸居在貧民窟的居民們，雖然生活困苦，卻都懷抱有一個「印度夢」。他們期待自己總有一天會像《貧民窟的百萬富翁》的主角賈馬爾・馬利克一樣，改變命運，夢想成真。

送飯盒的人

我搭乘孟買城市鐵路時，曾經在鐵路月台上遇到一群穿著白衫、戴著白帽的工人，攜帶長形木擱板，最初還以為他們是某集團公司聘用的搬運工人，後來又遇上另一群頭頂著擱板的工人，擱板上整齊地放滿香港早已不再使用的錫製飯盒，讓我非常好奇這到底是做什麼行業的。

一次偶然的飯局，我提起這個不解之謎，當地的同事向我詳細道來，方解開我的疑團。原來這是一支稱做達巴瓦拉（Dabbawallahs）的大軍，意思是「送飯盒的人」。達巴瓦拉這門服務，源自十九世紀末英屬殖民地時期，當時的英國人受不了印度咖哩和當地的食物，喜歡家裡準備的午餐，特別僱人從他們的家裡送餐到上班的地點。久而久之，這種運送午餐的服務應運而生，慢慢形成了一種孟買獨有的行業。馬拉地語中，「達巴」一般指圓筒狀的錫盒，「瓦拉」即指運作的人，加起來就成「送飯盒的人」了。

從事這類專業的工人，約五、六千人，工作是每天來往於孟買郊區和市區兩地，準時到各地僱傭的家庭收集飯盒後，騎自行車趕到火車站，按不同地區分門別類，再搭乘火車到不同的終點站，爭分奪秒地把飯盒交給候車的另一群工人，再依照遠近不同的路線，騎自行車、步行或用推車等方式，風雨無阻，準時將飯盒送交到指定商業大樓的「收貨人」手中。

最有趣而奇特的是，這全部人工操作，完全沒有什麼電子系統來監控，每個家庭送交的錫製圓飯盒盒蓋上，都標示了如密碼一般他們自己能夠識別的標記或符號。這些工人，大多數屬於低下階層，並沒有受過多少教育，居然憑著記憶，無誤地送抵指定地點和收件人，保證遠在市區工作的人能享受到熱呼呼的午餐。二〇一四年一部寶萊塢電影《美味情書（The Lunchbox）》就是以達巴瓦拉為故事主軸，男女主角溫馨的愛情故事就由一次誤送飯盒展開。不過如電影中的情節應該很少見，因為據說達巴瓦拉的出錯機率非常低。

我在月台跟他們打過幾個照面，他們個個面帶笑容，看起來非常樂觀。其實他們獲取的報酬相當微薄，每月只有約五十美元左右，真正做到敬業樂業。

他們光憑記憶的專業，沒有任何系統的協助，每天為二十多萬的家庭服務，已經引起商界的廣泛注意。英國的查理斯王子有次來到孟買，特別安排訪問達巴瓦拉。為了不影響送飯盒的作業時間，王子還必須嚴格遵守他們的時間。事後經過英國傳媒的報導，印度頂尖的商學院還特意邀他們到學院講學，傳授他們傳送經營的經驗呢！

1、2、3、4：「頂上功夫」，不容小覷

祆教徒的聖地

離孟買市區不遠處，有一座高七百多米的山丘——馬拉巴山（Malabar Hill），此區擁有空中花園，可以眺望海灣的景觀，也建有大樓、豪宅，是孟買的富人區。不過山丘上另有一區特別不一樣，那就是祆教徒的聖地——寂靜之塔（Tower of Silence）。

祆教又叫做瑣羅亞斯德教（Zoroastrianism）或拜火教，起源自波斯國，在中東和西亞地區興起，誕生的時間比伊斯蘭教還早，是世界上最古老的宗教之一。有的學者研究認為，祆教對後來的猶太教、基督教和伊斯蘭教都有很深遠的影響。我早有聽過聖地之名，寂靜之塔就是祆教徒舉行葬禮的地方，這裡所指的葬禮是鳥葬，跟西藏藏民的天葬習俗非常接近。古人曾記載：「死者有四葬：水葬則投之江流，火葬則焚為灰燼，土葬則瘞埋之，鳥葬則棄之中野。」（《南史．卷七八．夷貊傳上．海南諸國傳》）孟買的寂靜之塔就是指山丘上的五座鳥葬場。

這天我與老友Bashir剛好路過山下，我企圖說服他與我一起到聖地看個究竟，他說那裡只限祆教徒進入，其餘人等則禁止進入，所以雖然知道山上有這鳥葬場，卻從未到過。上山只能遠觀，絕對不能靠近。而且寂靜之塔四周皆被高牆環繞，又有茂密樹林，連外觀都無法看到，只能見到禿鷹在上空盤旋，或者嗅到場內飄來的腐屍氣味。

我最後還是堅持上了山，果真發現鳥葬場被密林和高牆隔開，連偷窺的份兒都沒有，況且這天連禿鷹的影子都見不到，也不知是連牠們都受不了炎熱的天氣，或者正在塔內啄食屍體。

令我奇怪的是這些鳥葬塔早在九世紀就有記載，孟買身為一個繁華大都市，到處高樓大廈林立，為何會在此保留祆教的鳥葬場呢？

原來，約公元八世紀左右，因伊斯蘭教興起，祆教徒被迫遷移，有一部分便進入印度，這些在印度的波斯移民，叫做「巴斯人（Parsi，或譯為帕西人）」，意思是「從波斯來的人」。據統計，如今信奉祆教的巴斯人約有十餘萬人，絕大部分都在印度，且幾乎集中在孟買。他們大多數是富甲一方的大商賈，例如建造泰姬瑪哈酒店的印度塔塔集團，就是其中的佼佼者。如此推論，想必有足夠的經濟實力在孟買市區保存寂靜之塔了。那麼究竟為何祆教徒非得用鳥葬，而不用其他方式的葬禮呢？原來祆教主張善惡二元論，遏惡揚善，奉火為「聖火」，又視水、火、土為神聖，不能汙染空氣、大地和水，因此反對水葬、土葬和火葬，只能採用鳥葬。教徒死後，遺體會被送到寂靜之塔。

我後來取得一張有關寂靜之塔的介紹。原來寂靜之塔是一座圓環形的建築，裡面共有三層，最高一層是男性專用，中層是女性，最低一層是小孩。只有祆教教徒和送葬親屬才可以進到塔內。將遺體放入塔後，便讓禿鷹飛下來啄食。啄食後剩下的部分長期暴露在陽光空氣下，早就變成骸骨，因此不難想像塔內應是累累殘骸。直到一年之後，會有人再將殘骸放進塔中央的藏骨井裡，讓殘骸慢慢化為塵土。讀過資料後，想像現場恐怖的環境，令人我不禁寒毛直豎，連帶當晚胃口也受到了影響。

象島石窟神廟

孟買除了是印度繁華商業大都會以外，還有兩處世界文化遺產。一處是在阿拉伯海上的象島（Elephant Island），那裡留下八世紀印度的宗教文化遺跡；另一處則是在市內，英國殖民時期留下的恰德拉巴蒂・西瓦吉火車總站。它們先後在一九八七年及二〇〇四年被列入世界文化遺產，也是旅遊人士的熱點。

象島因島上的石窟而聞名，前往島上遊覽非常容易，在我下榻的泰姬瑪哈酒店和印度門前方，就是開往象島的渡輪碼頭，每天早上九時開始營業，每廿分鐘就會對開往返一班，非常方便。

這天風和日麗，我獨個兒搭上輪渡，航向位於孟買港海面上的象島。象島距孟買市約十公里，航程約一個小時。恰巧這天並非假日，登船赴島的乘客不多，我不用擠在船艙內，可以走到渡輪上層，盡覽孟買港灣的景色。

從船上回望印度門和泰姬瑪哈酒店

顏色鮮豔的轎子等待客人上門

當渡輪駛出碼頭後，回望孟買印度門和泰姬瑪哈酒店等岸上建築，一時之間竟感到此情此景非常類似我經常前往的新西蘭奧克蘭碼頭一帶，同樣帶有幾分英式的色彩。孟買港是一處深水港，靠岸邊一帶是集裝箱碼頭，架起各種吊臂等裝卸運輸設施，海上還有鑽油平台，港灣停泊不少數萬噸的貨運輪船，不愧是印度的最大港口，也是南亞大陸的海運樞紐。

我常聽說孟買空氣和水質汙染十分嚴重，這天遇上了難得的蔚藍天空，一群季候鳥以「一行白鷺上青天」之姿，體態優雅地自遠方以V字隊形從我的前方飛越，先後有序，毫不紊亂。不過我還未來得及仔細看清楚牠們到底是哪種鳥類，轉眼間就已經消失在我的視線以外了。

輪渡抵達面積約十多平方公里的象島，我和

左：到處亂竄的野猴
右：象島石窟屬於世界文化遺產

旅客沿著伸延的堤岸登島，島上有小火車，或者也可選擇坐「轎子」代步，也可沿山坡小徑漫步而上。我還是喜歡採用漫步旅遊，可以悠閒欣賞島上的風景。

這座小島為何叫做象島？原來十六世紀葡萄牙人首次登島時，發現了一頭石雕大象，便順理成章把島命名為象島，印度人還憑譯音把島稱為「埃勒凡塔」。這座石象目前已搬遷到孟買的維多利亞花園博物館保存，象島變成了一座「無象之島」，徒有其名。

當地人把象島叫做Charapuri，意即「有許多洞窟的地方」，那就是石窟的遺址所在。山坡小徑風景秀麗，植滿各類亞熱帶樹木，包括有棕櫚樹、菩提樹、阿育王樹和鳳凰樹等。比較煞風景的是，途中還是遇到行乞的乞丐，也有一群到處亂竄的野猴。

步行大概十多分鐘，就來到最具文化歷史價值的石窟入口處。原來山谷間一共有五座石窟，不過經年失修，在殖民時期，島上又成為軍隊的練靶場，所以其中四座的雕刻幾乎破壞嚴重，未有開放，只留下宏闊的第一窟開放觀光。

島上的石窟藝術屬於八世紀印度教馬拉他派建築，多用在印度教神廟上，一般採用石材或在巨大岩石上開鑿而成。而島上殘留的這個石窟堪稱是一座印度教的石窟神廟，是將岩山挖空成窟，洞口大門由六根上圓下方的巨柱支撐，從正面看來就十分寬敞，進入之後還有二十根排列整齊的巨柱。神廟布局呈十字形，高約六米，寬約四十米，廟外廟內根本是兩個世界，廟外陽光猛烈，而神廟內依靠陽光從巨柱之間透射進去，照在灰白色的天然砂岩上，帶有一點神祕氣氛，不過並不會使人感到陰森可怖。

最令我詫異的是神廟內一塵不染，地上除了砂岩的碎石外，幾乎找不到多餘的垃圾，與印度許多街道形成強烈

左：大型濕婆神神話浮雕
中：石窟神廟內裡由二十根排列整齊的巨柱支撐，整個神廟與岩山渾然成一體
右：濕婆神三面像

的對比。經打聽，才知道印度政府很重視世界文化遺產，努力維護古蹟，還接受許多當地的義工擔任翻譯和管理員，務使古蹟不受到破壞。

石窟大部分的工程是自外面開鑿，然後向內面延伸，神廟與岩山渾然成一體。工匠們利用巧奪天工的雕刻技術，把岩壁雕塑出印度教三大神之一的濕婆神像，展現各種表情和形態，還有其他的群雕，把印度教的傳說刻載下來，使得象島變成「濕婆神之家」。

其中最著名要算高約六米、一首三面的「濕婆神三面像」，它有另一個名稱，叫做「摩希薩木爾提（Mahesa-murti）」，表現出濕婆神三種的面貌。正面的面相十分莊嚴而肅穆，是守護之神；左邊的面相看起來較為猙獰，嘴角露出獠牙，是破壞之神；右邊的面相則較溫柔，帶著笑容，是創造之神。印度教徒相信三面像的三種表情，正象徵著宇宙萬物生命的永恆。由於三面像的雕刻技術精湛，

左：林伽祠堂四個門兩旁都有兩尊巨大的守護門神拱衛著
右：林伽

被評為是古代東方美術中最珍貴的文物之一。法國著名的雕刻家羅丹曾對石像有過很高的評價，認為它不愧為印度古典文化藝術的範例。

此外，岩壁上還有九塊高約三到四平方米的大型浮雕，刻劃出濕婆神的九種神話，如舞蹈的濕婆神、瑜珈之主……等等。雖然有些已有殘缺，依然掩蓋不了昔日這些雕塑是多麼精采而引人入勝。

神廟裡除了濕婆神傳說浮雕外，縱深處還另闢有一座四方密室，作為供奉「林伽（Lingam）」的祠堂。所謂的林伽，是象徵男性的陽具，也是濕婆神的基本標誌。祠堂四個門兩旁都有兩尊巨大的守護門神拱衛著，儘管門神像都有不同程度的破壞損毀，但依舊看來非常生動。因為入內要脫下鞋襪，我便放棄進去了。

兩個有意思的行程

素未謀面的網友熱情邀我到他的家鄉浦那，這個機緣讓我參訪到印度排名第九大的千年古城，在奧修國際靜心村虛晃一遭，並見識到印度財神的神威遠播；至於「色」名遠揚的卡修拉荷，具體而顯的性愛神廟，吸引世界各地的遊客來此大開眼界，一探究竟。

網友邀我到家鄉做客

我與第一個印度境內的網友Mr. Saurabh相約在浦那（Pune）會面。結束在孟買的出差行程後，我乘車前往一百多公里外的浦那，那是印度的第九大城市，已有一千多年歷史。十七世紀時，是馬拉塔帝國的首府。當英國殖民統治者在一八一七年入侵後，把城市變成駐軍基地，併入孟買管轄區的「雨季首府」，直至印度獨立。

初次見面，一見如故

我一抵達，馬上聯絡那位素未謀面的網友。其實這一切的起因，是這位網友有個兄長在倫敦麗茲酒店禮賓部工作，因為我是該酒店常客，因緣際會變成了朋友。對方知道我要到印度旅遊，盛意拳拳邀請我到他的家鄉浦那作客，並馬上通知兄弟接待，當我的嚮導。盛情難卻下，我專程赴約，趁機好好遊覽這個充滿文化的古城市。我們相約在酒店碰頭，平常只在網上連絡，雖然是首次見面，大家卻一見如故。

左：奧修國際靜心村
右：浦那阿迦汗宮

浦那過去是小型貿易市集，成功轉型到現在的工業城市，包括冶金、製藥、機械製造、橡膠、汽車和製糖等工業，近年更發展化纖和紡織工業，特別是印度本土的塔塔汽車公司總部和Magarpatta City軟件城。Mr. Saurabh就在軟件城工作。

Mr. Saurabh另外介紹，浦那過去受英國殖民統治時間很長，英語是市民常用的語言。此外，政府重視文化學術的發展，當地的浦那大學（University of Pune）是城內最著名的大學，也被公認為全國精英學府之一，規模相當大，不單吸引了來自歐美的留學生，還聘請世界級名教授和學者到此任教，對國家的教育和科研事業貢獻良多，所以浦那有「東方牛津」的美譽。

奧修國際靜心村

不過他另外也說，城裡有所名聞四海的學府，同時還有「臭名昭著」的奧修國際靜心村（Osho Int'l Meditation Resort）。那是由印度人奧修（Osho）在一九七四年創立，他被稱為「性福大師」，因為他倡導的教義很具爭議，主張「性靈結合」，受到世界其他正統宗教的排斥。這兒本是他的靜修中心，直到他死後才改變成一所靜心度假社區，每年吸引來自世界各地「探求者」到此靜修，其中以歐洲和日本人居多。

隨後，他把我帶到度假村一探究竟。那是一處面積達四十公頃、樹木茂密的郊區，不對外開放，且禁止拍攝，欲參加村內的活動，需要預先登記註冊，並支付高昂的費用。我只在接待大廳隔著玻璃觀看裡面花團錦簇的園林，有一群穿著紅色長袍的「信徒」正聚集著跳舞唱歌。據說區內非常美麗，滿園盡綠，環境幽美。到此靜修過的人都會有滿意的心靈收穫。

Mr. Saurabh表示，男女探求者可以任意使用設施，不過如果想參加活動，除了交付費用外，現場更要先通過愛滋病HIV測試。我聽了滿腹疑惑，原來因為教義的緣故，社區內在性的方面非常開放。為了避免疾病的傳染，入住前需要經過身體檢查。經過解釋後，我這才恍然大悟。

離開「靈慾樂園」後，接著來到浦那阿迦汗宮（Aga Khan Palace）。這是一座融合歐陸和伊斯蘭風格的漂亮皇宮，義大利拱門、寬敞的草坪和噴水池是賣點之一。然而宮殿最值得參觀的是主殿的甘地紀念館，裡面陳列甘地的遺物和圖片。這裡曾經是英國人囚禁聖雄甘地及其夫人卡司圖巴・甘地（Kasturba Gandhi）的地方。甘地的夫人和追隨他三十五年的祕書Mahadevbhai Desai都相繼在囚禁期間去世，陵墓就在外面的花園中。還有一座甘地紀念碑豎立在紀念館外，緬懷聖雄一生。

聖雄甘地及其夫人卡司圖巴・甘地

左：私人博物館——拉賈凱爾卡爾博物館
右：拉賈凱爾卡爾博物館展廳一隅

拉賈凱爾卡爾博物館

此外，我們還一同參觀當地一家部族文化中心。陳列的東西並不多，只是一些塑像和模型，卻讓我對古印度部族的生活增加一點了解。不過另有一間私人博物館——拉賈凱爾卡爾博物館（Raja Dinkar Kelkar Museum），藏品更多、更豐富，我認為更值得前往留下足跡。

市內人潮最多的地方非市集莫屬，種類繁多的商品令人目不暇給。街上售賣的都是時令的農產品，浦那盛產水果，特別是芒果和甘蔗等，非常便宜。店主會將青芒果切剁成小塊，而當地人喜歡買回家浸泡在酒裡，一年後再享用，這算是浦那特產。

浦那市內當然少不了神廟和古蹟。市內最古的建築，要算馬拉塔帝國的宮殿Shaniwar Wada，建於一七三二年。一八二八年一場大火把木質結構的宮殿全部燒毀，僅留下巨大的外牆和基座。不過光看城牆的規模，不難想像過去宮殿有多麼宏偉壯麗。

1：拉賈凱爾卡爾博物館展廳一隅

2：拉賈凱爾卡爾博物館收藏的門，也是展廳入口

3：馬拉塔帝國的宮殿，一八二八年一場大火把木質結構的宮殿全部燒毀，僅留下巨大的外牆和基座

4：熱鬧的市集

上：販售祭祀用品和布巾的小店
下：切青芒果的小攤

左：象神是濕婆神和雪山神女的兒子，象徵善良、仁慈和勇敢的「智慧神」，也相當於「財神」

右：金光閃閃的「財神」——象神，香火鼎盛

可愛的財神

我發覺這裡較多供奉象神甘尼許（Ganesha）的寺廟，打聽下來，才得知象神是當地的守護神。在印度神話中，象神是濕婆神和雪山神女的兒子。由於濕婆神長期在外修行，忽略了妻子，於是雪山神女用黏土捏出一個男孩。一日濕婆神回到家中，見到這位陌生男孩，不問緣由，便砍下他的頭。後來經過妻子的解釋，濕婆神才知道錯殺了兒子，但頭已經失去蹤影。後來去請求守護神毗濕奴的協助，毗濕奴指引濕婆神出門後遇到第一個生物時，把這生物的頭砍下，移植到兒子的頭上，就可以讓他復活過來。結果第一個遇到的生物是一頭象，於是把象頭移植上去，就變成了象頭人身。在印度眾神中，象神的造型最可愛，象徵善良、仁慈和勇敢的「智慧神」，也相當於「財神」。

據Mr. Saurabh介紹，市內最有名的要屬擁有四百年歷史的卡斯巴•葛那帕提寺廟（Kasba Ganapati），位於市中心區的寺廟，被奉為城市的守護神。話說從前浦那是個貧瘠的地方，在神的指引下建造神廟，自此以後，浦那命運翻轉，風生水起，成為經濟發達的城市，神廟自然也就香火鼎盛。廟中供奉的象神共有四隻手，模樣非常逗趣討喜。

浦那一隅，有個與孟買象島同期開掘的帕塔勒沙瓦石窟廟（Pataleshwar Cave Temple）遺址，供奉濕婆神和林迦。但它運氣不太好，牆壁上的神像全被毀壞殆盡，空空如也，徒留石鑿建築，就連供奉的神壇都是重新安放的。石窟廟隱蔽在民居間，非常低調。我來到的這天，旅客稀少，與象神廟門庭若市的情況完全無法比擬。

「色」名遠揚的卡修拉荷

這天「初陽上雲端」，我從德里驅車趕路，目的地是約六百公里外中央邦查塔普爾縣的「性都」卡修拉荷（Khajuraho，或譯為克久拉霍）。當地以性愛、情慾雕塑的廟群而名揚天下，遠道而來的旅客大部分都是衝著這些雕塑而來。該廟群憑著「裝飾性雕刻堪稱印度藝術的傑作」在一九八六年列入世界文化遺產名錄內。

性愛廟群為彰顯王朝威望

卡修拉荷的名字源出「卡修拉（Khajur）」，即棗椰樹的意思。一千多年前這片土地種滿了棗椰樹，同時在公元十到十三世紀拉杰普特人曾在此建立昌德拉王朝（Chandela），並以卡修拉荷為首都。王朝的版圖大約在今日印度的北方邦和中央邦一帶，可惜後來盛極而衰，先後被土耳其和莫臥兒軍隊打敗，最終亡於阿克巴大帝的武力。

在與莫臥兒軍隊的激戰中，出現一位令人欽佩的巾幗英雄，她就是昌德拉王妃杜爾伽瓦蒂（Rani Durgavati）。當時她率軍禦敵，雖中箭受重傷，卻寧死不屈，最終自刎殉國。她的事跡流傳下來，一九八八年印度中央邦政府不僅發行她的郵票，更決定把每年六月二十四日定為「殉難日（Balidan Diawa）」，紀念王妃的英勇事跡。

廟群建於昌德拉王朝全盛時期，完全為彰顯王朝的威望，前後蓋起了八十五座神廟，後來伊斯蘭外族入侵，把這一帶的神廟摧毀破壞，至今僅餘下二十五座。十三到十八世紀之間，隨著王朝衰落、滅亡，神廟也湮沒隱藏森林達五百年之久。直到一八三八年一位英國工程師伯特（T.S. Burt）在勘察地形時，無意中發現了其中的七座，其後再由英國的考古學會接手，繼續進行考古發掘研究，才讓失落的古廟群重見天日，再現風華。

遺址如今分為東、西、南三個區塊，總面積約十三平方公里。今日天朗氣清，我在酒店用過午餐後，就移步到前方約兩百多米，占地約六平方公里的西廟群遺址，在三大廟群中，此區保存的廟最多，一共有十四座，且神廟規模較大、較完整，也最為集中。園區內環境清幽，訪客又少，導遊笑說今天拍攝性廟雕塑正是其時，若在二至三月間，小鎮舉辦為期一個月的舞蹈祭，那時人山人海，取景拍攝就很難了。

月神的後裔

關於卡修拉荷，這裡流傳著一段月神與美女的神話：話說從前有位婆羅門祭司的女兒海摩婆蒂（Hemavathi），生得容貌豔麗、美若天仙。一天夜裡她在湖中沐浴，遇上了月神，兩人一見鍾情，徹夜纏綿。月神告訴美麗的海摩婆蒂，說她將會擁有一位英勇的兒子，並建立強大的王朝。果然她的兒子出生長大後，建立了昌德拉王朝，所以當地的鎮民都自稱他們是月神的後裔。海摩婆蒂去世後，托夢給她的兒子，希望他為她建廟以表達人類原始的激情和慾望，神廟就這樣一座接著一座建立起來。

人類原始的激情

西廟群建築時間在千年以前，廟的規模大小不同，且各自獻給不同的男女神祇，不過幾乎清一色是典型的昌德拉建築風格。神廟底部都有個基座，並用紅色或黃色的砂岩作建材。據導遊的介紹，在神廟建築的那個年代，印度仍未使用穹窿和拱形的支撐技術，而是採用由眾多小塔來支撐一座大塔，造成一浪高過一浪的氣勢，直至一個稱為悉卡羅（Shikara）的玉米狀錐形主塔為止。所以每座廟會有個峻峭巍然的尖塔，尖塔周圍堆疊了密密麻麻竹筍狀的小塔。

坎達里亞摩訶提婆神廟

如今所見的古廟，已經過多番修葺，且為了便利旅客到訪，階梯和平台都加以修整。導遊表示，在廟群中保存得最完好、最有代表性的共有五座，各自供奉毗濕奴、濕婆或其他神祇。

而那些令人血脈賁張的男歡女愛雕塑，也原封不動地保留下來，向我們「示範」古人的性愛情趣。

我們先來到西廟群中最有建築特色的坎達里亞摩訶提婆神廟（Kandariya Mahadeva Temple），裡面供奉濕婆神。主殿和四座配殿矗立在四米高的基台上，其中主殿尖塔高三十五米，由八十四個浮雕小塔層層疊疊簇擁著。我自台座下方仰視高聳的神廟，的確使人產生震懾，感受到大神的力量。據稱神廟內外共有八百七十二尊雕塑，盡是男女諸神、蛇神、樹神、天女、貴婦、舞女、

坎達里亞摩訶提婆神廟，主殿尖塔高三十五米，
由八十四個浮雕小塔層層疊疊簇擁著

據稱神廟內外共有872尊雕塑，
層層疊疊的歡愛姿勢，令人咋舌

左：馬拉哈奇廟，供奉著毗濕奴的化身野豬
右：人類原始的激情

愛侶、怪獸等，每一個壁龕、柱子、拱門和托架之間都有不同的雕塑裝飾，尊尊栩栩如生，非常生動。

神廟前另蓋有一座馬拉哈奇廟，供奉著毗濕奴的化身野豬。這尊石豬高約兩米，滿身刻了小小的人像，腳下還有一條盤蛇。我不懂印度教有關這個化身的事跡，只覺得看上去有點突兀恐怖。

女性身形刻畫入微

性愛雕塑最多又最集中要算戴維迦金丹巴神廟（Devi Jagadamba Temple）了，它供奉的是濕婆神的妻子雪山神女及其化身迦利女神。我的視線隨著導遊的手指方向移動，一邊聽著講解，一邊細細觀看雕塑。一看之下，發現這些包含仙界到凡間的人物雕刻實在不得了，雕工精細，千姿百態是一回事，

重點是動作大膽、姿勢誇張，花樣還特別多，有高難度的瑜珈交媾姿勢，還有人獸雜交、群交、同性交和偷窺者自慰等等，大膽程度簡直叫人不敢直視。我深深慶幸這次並沒有女伴同行，否則就非常尷尬了。

我終於在斜陽日落前依順時鐘方向參觀完五座神廟，折返酒店。聽說西廟群每天晚上都有一場燈光古廟秀，可是旅遊旺季已過，雨季將至，燈光秀便宣告暫停。

翌日早上，我重回遺址遊東廟群。這邊的寺廟主要是耆那教寺廟，或許由於我昨日觀賞雕塑的專注，導遊怕我今日失望而回，甫一見面就特地強調，這兒有五座古神廟，但欠缺色情雕塑，令我略感尷尬，唯有把話題扯開。

東廟群中較有代表性的是帕爾斯瓦納特寺廟（Parsvanath Temple）和阿迪那斯寺廟（Adinath Temple），寺廟內外同樣雕了滿滿的仙女、貴婦等女性雕

左：西廟群中的拉克什曼廟上的象神雕刻

中：戴維迦金丹巴神廟

右：帕爾斯瓦納特寺廟供奉的神祇

塑，同樣精緻細膩，將女性婀娜多姿的曼妙身形刻畫入微。

至於南廟群，只有兩座杜拉朵寺廟（Duladeo Temple）和恰圖爾伯胡吉寺廟（Chaturbhuj Temple），同樣都供奉濕婆神，且裡裡外外皆有精彩雕塑，與早前參觀過的不遑多讓。

結束了性都之旅後，與導遊分別前，他態度認真地跟我說，一般旅客來到性都，多只顧著參觀西廟群，如我這般不吝腳力走完三個廟群區的，真是屈指可數。他特別向我解釋，神廟上的性愛雕塑其實與色情無關，不過是把昌德拉本土特有的印度巴洛克藝術融合宗教形式，把藝術推向登峰造極的境界。我對於印度建築藝術不甚了解，更不懂宗教風俗，因此不便多加評論。然而就雕塑本身而言，當年工匠的雕刻工藝技術確實是巧奪天工，而且想像力和創造力都極為豐富。

左：女性雕塑將女性婀娜多姿的曼妙身形刻畫入微
右：阿迪那斯寺廟

至於為什麼會有這麼多的性愛雕塑，導遊一時之間說不清楚。根據專家推斷，神廟建造時正值印度教變革年代，此時受「性力派」理論的影響，認為男女之交是天人合一、神靈合一的最高表現；有傳說認為雷神因陀羅（Indra）喜歡偷窺，看到這些雕塑，就不會施展雷雨引發雷擊，導致寺廟受損；還有的流派認為瑜珈是種精神修煉，而博伽（Bhoga）代表肉體歡愉，二者合一是通往摩克沙（Moksha）的自我救贖。林林總總的原因莫衷一是。無論如何，這趟性都的行程，都讓我見識更多不可思議的印度。

中印與南印風情

從西北進入印度，一路南下到中印海德拉巴，她是著名電腦工業城，建城超過四百年，而南印度的地理環境和文化則與北印迥然不同，質樸「熱」情的南印依然保存傳統的印度教文化，我的南印之旅就從南印門戶的印度第四大城——清奈開始……

電腦城海德拉巴

印度中部的海德拉巴（Hyderabad）古城有四百多年歷史，卻不單只是歷史古城，還有非常現代化的一面——它是印度有名的電腦工業城市，許多國際知名的電腦、軟件、藥品等公司都在此設立南亞區的總部和分公司，因而帶動城市的經濟發展。有人索性把城市叫做「賽博拉巴（Cyberabad）」，把海德拉巴跟電腦劃上了等號。

事實上，它過去出名的行業是珍珠加工，擁有非常了得的珍珠穿洞打磨技術，同時人工非常平宜。這兒並非珍珠產地，材料都從外地運來，經過加工成為各種珍珠的珠寶產品，而獲得「珍珠之城（The City of Pearl）」的美稱。來古城之前，我已接到朋友請託，到商店為他們選購珍珠製品。我亦不負所託，特地到專賣店挑選，果然工藝名不虛傳，貨真價實。我也趁機大解慳囊，最終滿載珍珠項鍊而歸。

不僅如此，這裡還是鑽石貿易中心。一顆鑲嵌在英國伊莉莎白王后（即二〇〇二年過世的英國王太后）王冠上的「光之山（Koh-i-noor）」鑽石，重一百零五卡（克拉），曾經是世界最大的鑽石，它的產地也就在古城附近的可拉礦山（Kollur）。

左：由一輛馬車接送穿過翠綠草坪的園林，到達法拉克奴瑪皇宮酒店大門
右：法拉克奴瑪皇宮酒店

如同皇室般的接待

我從機場被接到當地一間位於城市南面山上的法拉克奴瑪皇宮酒店（Taj Falaknuma Palace Hotel），此處原是安德拉邦（Andhra Pradesh）庫特布沙希蘇丹（Qutb Shahi）的皇宮，之後幾度易主，最後在二〇一〇年改為酒店，並由泰姬瑪哈酒店與假日宮殿公司集團管理。一到達酒店大門，我就受到了皇室般的接待，由一輛馬車接送穿過翠綠草坪的園林，到達皇宮大門。我在印度旅遊中首次遇到這樣的待遇，真有點受寵若驚。

皇宮前後院都可讓我全方位盡覽城市的全貌，宮殿內的裝潢，既瑰麗豪華，又不落俗套，不論大堂、宴會廳、會議室、庭院，甚至連天花板、地板和大理石扶手階梯，都是精心的設計和華麗布置，令人有如置身在法國城堡。酒店目前只對入宿旅客開放，不然一定會吸引更多人來此參觀。

每天傍晚酒店還安排文娛音樂演奏，我無比愜意地坐在陽台，聆聽古印度音樂，一邊欣賞日落古城的景色，此乃人生一大樂事。

上：法拉克奴瑪皇宮酒店宴會廳
下：雨後堵塞的交通與淹水的路面

然而，當我走出皇宮範圍，就如一腳踏入另一個世界。前夜恰好下過一場大雨，市內的馬路大部分都被水淹了，交通堵塞不在話下，馬路上傍著垃圾和穢物，臭氣熏天，行人走在路上狼狽不堪。最讓我感到心酸難過，就是見到那些在泥地、馬路旁搭起帳篷的貧民。對比山上的宮殿生活，又或者海德拉巴新城電腦工業區的新貴住在高樓、豪宅和別墅，生活判若兩個世界。

海德拉巴歷史豐富，自十六世紀就由伊斯蘭教的庫特布沙希王朝統治，之後被莫臥兒帝國合併，繼而又成為英屬印度的一個土邦，印度獨立後成為安德拉邦的首府。二〇一一年，與北部隔鄰的塞康德拉巴（Secunderabad）合併成為雙子城，人口增加到接近七百萬，躍升為印度的第五大城市，因為長期受伊斯蘭文化影響，留下了豐富的伊斯蘭宗教文化遺產。

看似城門的清真寺

印度各大城市都有新、舊城兩部分，舊城基本上是窄路以及骯髒、嘈雜、混亂的市容。我穿過舊城門，在舊城市中心看見海德拉巴古城的主要標誌建築——查爾米納塔門（Char Minar）。建築外表看似一座城門，其實是清真寺，巍然的四方形花崗岩塔樓已經成為世界知名的古蹟。東、南、西、北四面都有大拱門，四個角落則各有一座高二十四米的尖塔，查爾米納就是「四座塔」的意思。塔門的第二層是該城市最古老的清真寺，每逢周五就聚集了教徒禮拜祈禱。這次不巧遇上古蹟維修，我被擋在門外，未能登上塔樓一睹舊城風貌。塔門四周是熱鬧的拉德集市（Laad Bazaar），集中許多手工首飾商店和各式各樣的攤檔，可惜我挑來選去，並沒有遇到心儀的紀念品。

查爾米納塔門和拉德集市

左：Khilwat Mubarak是一座接待大廳，天花板上懸掛著十九盞巨型水晶吊燈
右：麥加清真寺寺門上面的磚塊是取自麥加聖城的泥土燒製

塔門隔壁另有一座麥加清真寺，是城裡最多信徒的清真寺。這時宣禮塔的呼喚之聲響起，祈禱時間將至，來自四方八面的信徒就蜂擁朝向清真寺大門。這座清真寺說來可不簡單，除了可容納上萬信徒外，經導遊說明，原來寺門上面的磚塊是取自麥加聖城的泥土燒製而成，所以才叫做麥加清真寺。

海德拉巴藩王的宮殿

離開人潮擁擠的舊城區，我的下一站是到清真寺南邊的查摩哈拉宮殿（Chowmahalla Palace）參觀，它建於一七五〇年，從十九世紀開始，就作為海德拉巴藩王的宮殿。查摩哈拉意指「四座宮殿」，在這兒可見到四座風格不同的宮殿，加上南、北庭院、鐘塔等，整個區域匯集波斯、拉賈斯坦、歐陸等不同風格，富麗堂皇。宮殿內還收藏了藩王寶座、珍寶、服裝、工藝品、古董汽車等等。

我認為較有看頭的只有Khilwat Mubarak，是一座接待大廳，天花板上懸掛著十九盞巨型水晶吊燈，一條長廊兩邊擺放家族成員的木衣櫥，我心想，若要擺滿這些衣櫥，不知需要多少衣服鞋襪。過去王室的富有生活實在令人咋舌。

參觀完四座宮殿時，我在庭院偶遇一位來自北京的旅客，他毫不客氣地說：「這樣的破宮殿，在中國不知有多少比它強啊！」我無言以對，但卻覺得千里迢迢來到這兒，就當抱著了解當地歷史文化的態度，何必非得與自家文化歷史比個高下。

世界最大的單石雕刻佛祖立像

我從舊城區乘車跨過Afzal Gunj橋以及貫穿新、舊海德拉巴的穆西河（Musi River），就

左：藩王寶座

右：世界最大的單石雕刻佛祖立像

來到對岸的新市區。這裡的環境就大有改善，特別是接近塞康德拉巴的地方，是科技城所在地，有不少新建的辦公大樓，市容比較乾淨，露宿的貧民帳篷亦不復多見。

新城區前的藍毗尼公園（Lumbini Park），臨近侯賽因薩加爾湖（Hussain Sagar）畔，是當地人傍晚乘涼的地方。湖中央的直布羅陀岩山上，屹立一座世界最大的單石雕刻佛祖立像，意即用一整塊花崗岩石雕刻而成，高十七米，重達三百二十噸。旅客可以乘搭遊艇在湖上暢遊，又可登上岩石朝拜大佛。

岩石山上的城堡

海德拉巴素有「石頭城」之稱，花崗岩巨石林立，我在市內遊覽幾天，發覺很多房屋蓋在大塊岩石之上，最初還以為是當地的貧民窟，懷著滿腹好奇向導遊請教，才知道誤會大了。

當地將房子蓋在大岩石塊的做法十分普遍，居民認為蓋在巨大岩塊上，地基穩固。每當雨季來臨，岩石之間的隙縫是天然的排水道，正好疏通積水。再者，在岩石上，空氣清新。這麼多的優點，故而受到不少中高階層人士的喜愛。

城郊外十公里有一座城堡遺址——高爾康達城堡（Golconda Fort），就是建築在一座一百二十米高的花崗岩石山上，很有代表性。城堡的歷史相當悠久，十一世紀是印度國王的皇宮，當時使用泥巴和岩石堆砌而成。十三至十四世紀，經歷過伊斯蘭和波斯人攻占，後來又輾轉落入庫特布沙希王朝之手，並建都於此，經過三代蘇丹的努力，由一五一八年開始的六十二年間不斷修築，才發展到今天的規模。一五九〇年蘇丹決定放棄城堡，把首都遷移到海德拉巴城。

上：建築在一百二十米高花崗岩石山上的高爾康達城堡
下：高爾康達城堡平面圖

城門上孔雀和獅子的雕飾代表印度和伊斯蘭建築的結合

雉堞圍牆內外雙重

城堡有六處入口，每道厚重的城門嵌滿尖銳的鋼釘，阻擋外敵侵入。內外雙重的雉堞圍牆都以花崗岩石築成，綿延十一公里，繞山腰而建，望去有點萬里長城的氣勢。內層城牆在皇宮前面，形成前後兩重防線，敵人若要長驅直入，並不容易。整座城堡既是皇宮又是城堡，在結構規劃得很完整，有軍營、武器庫等軍事設施，城樓上還有火炮。其他設施包括集市和民房等，基本上也都相當齊全。

我跟隨導遊慢慢沿著彎彎曲曲、崎嶇不平的四百多級石階走上去。每一個路口和拐彎處都設有哨站和暗藏的機關。最高處是一座弧形碉堡，戰略位置重要。

左：城牆上的防禦措施
右：內外雙重的雉堞圍牆都以花崗岩石築成，綿延十一公里

城堡建在山上，想當然耳，解決供水是一大問題。我不得不佩服當年的工匠們，巧妙地鋪設了釉陶引水管道，藏在城堡的牆壁和地下，並且在露天花園下面修築起蓄水池，以確保水的供應。皇宮的正門通道內，更設計有傳聲效果的回音壁，稍有一點微弱的聲音，就會讓守城士兵警覺。除此之外，讓蘇丹坐在第二層的寶座上，群臣聚集在下層議事大廳，蘇丹每天與群臣商議政事時，下面的群臣只聞其聲，而不見其人，讓蘇丹的安全多了一重保障。

從最高的碉堡往下走到皇宮，有另一條專門的暗道，我小心翼翼沿階梯走下去，直到昔日的皇宮，四周是頹垣敗瓦的廢墟。中央有座寬闊的噴水池廣場，是過去後宮妃嬪的娛樂處。現在每逢大節日，就成為演奏音樂、舞蹈的表演場所。

從山下仰望城堡，看似路途遙遠，其實整段行程不過是一個小時。然而山路陡峭崎嶇，上下走一遭，已把我累得氣喘如牛。

城堡的牆壁藏有釉陶引水管道

左：四百多年樹齡、周長二十五米的猴麵包樹
右：昔日的皇宮四周是頹垣敗瓦的廢墟，中央是噴水池廣場

適應乾季機制的猴麵包樹

城堡遺址外是新城堡（Naya Qila）的範圍，現在開闢成綠草如茵的標準高爾夫球場。球場的另一邊，一棵有四百多年樹齡、周長二十五米的猴麵包樹（Hatiyan Kajhad，波巴布樹），傳說是由阿拉伯商人從阿比西尼亞（Abyssinia，即現在的衣索比亞）移植過來，這種樹樹冠巨大、樹幹粗壯，形狀像樹根，果實大如足球，甘甜多汁。每當果實成熟時，猴子會成群結隊爬上樹摘取果子，猴麵包樹之名由此而來。如此巨大的樹木，不知需要多少人才能將它圍攏起來。聽說樹中間有個大洞，可以藏匿好些人在裡頭，我冒險攀爬上去，探頭想看個清楚。導遊還說，此樹外強中乾，木質十分疏鬆，到雨季時，樹會大量吸收水分，待到旱季時慢慢享用，又讓我見識了大自然的無奇不有。

攀到猴麵包樹上探看中間的大洞和木質疏鬆的樹幹

附近有座花園式的庫特布沙希墓園，埋葬七位蘇丹和王室成員等。陵園內每座獨立陵墓都蓋得典雅堂皇，外型與清真寺和宮殿並無太大分別，我逐座瞻仰一遍，近距離欣賞庫特布沙希式的建築特色。墓園環境清幽，沒有半點陰森恐怖的感覺。另一座伊斯蘭人的陵墓，埋葬的都是大臣、將軍和慈善家等，無論建築或規格上都比較平民化，難與王室貴族的陵墓匹比。

我其實不大熱衷於遊陵墓這類的行程，不過不好意思拒絕導遊的安排，因此只是簡單遊覽一下，就折返市區了。

寺廟之都——坎契普蘭

我的南印度風情之旅，就從清奈（Chennai）開始。

臨離開浦那前，網友告訴我，南北印度的地理環境、文化都有很大差別。南印度未受到伊斯蘭教的嚴重影響，因此依然保存傳統的印度教文化。不過又被英國殖民地統治過一段時間，有不少帶濃厚英國色彩的建築。此外，南印度氣溫很高，非常悶熱，戶外活動一定要多喝水，避免在陽光下曝曬中暑而影響行程。

一派田園風光

我到達清奈機場，很快就與酒店的接待人員碰面。清奈機場入境大堂有一座濕婆神在燃燒火焰圓環中翩翩起舞的神像，色彩鮮豔，造型別緻。濕婆神面帶微笑，感覺十分祥和，沒有一點毀滅神的模樣。踏出機場外，撲面而來一陣潮濕悶熱，似乎對未來這幾天的旅程有了預示。

清奈原名叫馬德拉斯（Madras），到一九九六年政府正式易名為清奈，它是印度第四大城市，南印度的門戶，是重要的交通樞紐與商業中心。

左：坎契普蘭路上面對鏡頭的小孩

右：斯里艾坎巴蘭塔寺正門高六十多米，叫做哥普蘭，上面有密密麻麻的雕刻，是印度教廟宇特有的建築特色

在清奈的第二天，我黎明即起，當太陽在孟加拉灣升起來時，我早已離開清奈市區。周遭是一望無際的水稻田，農民忙於農活，一派田園風光，這般怡人的景色在北印就很難見到。

斯里艾坎巴蘭塔寺

我的目的地是城外七十里的「寺廟之都」坎契普蘭（Kanchipuram）。這座古都小城建於七到八世紀的帕拉瓦王朝（Pallava），有許多供奉濕婆神和毗濕奴的神廟，也藉寺廟而聞名。往後幾個王朝傳承和發揚印度教文化，神廟越建越多，到今天仍然留下了近兩百多座，其中有五座規模最大、最精美、保存得最完好、又最有代表性，是旅客必遊的寺廟。

斯里艾坎巴蘭塔寺內大殿有「百柱堂」之稱

建於八世紀，被公認為最完整的凱拉薩那塔寺

城內的寺廟並非集中一處，位置分得很散，我選擇五座之中的兩座參觀，一是市內最大的斯里艾坎巴蘭塔寺（Sri Ekambaranathar Temple），名字很長，又難記，據說是取自「芒果樹神」。神廟供奉濕婆神，建於十六世紀。正門有一座高六十多米巨大的白色塔門，叫做哥普蘭（Gopuram），上面刻上密密麻麻的雕刻，是印度教廟宇特有的建築特色。寺內大殿排列成行的石柱，有一百三十六根之多，所以大殿有「百柱堂」之稱。石柱上刻了濕婆神的神話故事，雕刻精細。大殿後面是淨洗池，供虔誠的教徒先在池中沐浴淨身，然後進入主殿堂膜拜，是印度教徒的專用之地。這地方外人無法進入，所以我欣賞殿內精美雕刻後，就離開轉往下一站。

左：凱拉薩那塔寺由五十八座小神殿構成外牆和迴廊
右：凱拉薩那塔寺外牆的精緻雕刻

帕拉瓦王朝的國王象徵

另一座凱拉薩那塔寺（Kailasanathar Temple）同樣供奉濕婆神，建於八世紀，被公認為最完整、最美麗、更精緻的寺廟。由五十八座小神殿構成外牆和迴廊，每座小神殿都雕上不同形象的濕婆神像，背後還有依稀可見的濕壁畫，圍繞著大殿。寺外刻滿栩栩如生的獅子石像，是當時帕拉瓦王朝國王的象徵。另外殿內還供奉濕婆神的象徵——「林迦」。此「林迦」不僅是城內所有廟中最大的一個，更是亞洲第三大。這裡比較開放，不分教徒和非教徒，我也順利入內參觀。

進入印度神廟，必須按規矩脫掉鞋子，赤腳入廟，我自然入境隨俗，不過地板長時間經受猛烈陽光照耀，非常炙燙。我唯有連走帶跳走入寺內，滋味真不好受。

印度景點的門票費，外國人和印度人價差很大

坎契普蘭除了有代表性的南印度風格神廟外，這裡也是有名的絲綢工藝作坊，出品的絲綢紗麗，無論質料、花紋、色澤都屬一流，且非常耐用，冠絕全印度。全城幾乎都是絲綢作坊，我也被帶往多間參觀，美其名是觀看絲綢的製作過程，當然目的都是推銷產品，不過價錢並不便宜，未能引起我收藏的興趣。

孟加拉灣港口城——瑪哈巴利普蘭

翌日，我繼續前往城外六十公里的瑪哈巴利普蘭（Mahabalipuram）。這天碧空如洗，我來到臨孟加拉灣的港口城市，可以遙望無涯的大海。古城是帕拉瓦王朝的首都，七世紀時已經是繁榮的貿易中心，然而隨著王朝的覆滅，這座港口急速衰落，淪為一個小漁村，很多寺廟和建築都被棄置，遭到沙土掩蓋，直到十九世紀末才被英國考古學家發現，讓這些精雕細琢的石刻遺跡重現天日。

造型各異的五部戰車神廟

參觀石雕神廟遺址前，在前面岩山山坡上見到一塊橢圓球狀的巨大岩石，一副搖搖欲墜的樣子。石球從何處來？無人知曉。當地人把它稱為「黑天神的奶油球」（Krishna's Butter Ball）。我嘗試推動岩球，結果是蜉蝣撼樹，不自量力，徒費力氣罷了。傳說過去就算出動多頭大象設法拉動石球，石球總是紋絲不動，真是不可思議。

上：五部戰車神廟是將一座巨大的岩山雕鑿而成
下：黑天神的奶油球

每部「戰車」的造型不同，石柱也別有特色

阿周那的苦修浮雕和「黑天曼達帕」石壁神廟

遺址中有一座「五車神廟」（Pancha Rathas Temple），最著名且最有代表性。五部戰車神廟是將一座巨大的岩山雕鑿而成，每座神廟分別以古印度史詩《摩訶婆羅多》中五位兄弟以及他們共同的妻子德勞帕蒂（Draupadi）來命名。每部「戰車」的造型各有不同，有的像印度教神廟、還有像佛教石窟，每座造型設計勻稱，十分美觀，很難讓人相信是人工雕鑿而成。

阿周那的苦修

此外，還有一幅刻在岩石上的巨大浮雕「阿周那的苦修」（Arjuna's Penance），石壁長十二米，寬三十米，雕著大象、獅子、神獸等，描述恆河女神降臨的宗教故事。岩畫的一側，是「黑天曼達帕」（Krishna Mandapa）石壁神廟，整組浮雕氣勢不凡，雕工精細。

海神廟遺跡

最後一處是海神廟（Shore Temple），原來共有七座寺院，然而經過海風、海浪的千年侵蝕，到現在僅留下一大一小兩座，分別供奉毗濕奴和象徵濕婆神的林迦。為了保護遺址免受風浪侵蝕，特地在海神廟前栽種防風林，足見當地對文物管理的重視。遺址前面是漂亮的孟加拉灣，藍天碧海，景色如畫。

南印度宗教文化遺產之旅結束後，就回到市區。幾天來天氣酷熱難熬，我便要求導遊安排簡單的市內觀光。政府博物館（Government Museum）有五個展館，藏品超過三萬多件，應該是最有參觀價值的了。不料室內並無空調，最後我已無法忍受，不如到外頭長達十三公里的海灘走走，吹吹海風。然而號稱全球最長、最美麗的都會海灘卻擠滿了人群，更令我沮喪的是滿地垃圾，真是趣味索然，遂提早結束旅程返回酒店了。

世外桃源
特拉凡德倫

前一日我還在面對孟加拉灣的清奈，隔天已來到面對阿拉伯海的喀拉拉邦（Kerala）。《國家地理雜誌》將此處評為人生必去的五十個旅遊勝地之一，喻為「上帝之國」。

乘遊艇遊潟湖

著名的海灘城市果亞（Goa）和科欽（Cochin），都是歐洲人享受陽光海灘的度假勝地。我計畫前往上述這兩個城市，並期待沿著喀拉拉邦的海岸線，從科欽安排搭乘特別的「蜜月船」船屋，來一次自由自在的潟湖之旅。

如欲前往果亞，特拉凡德倫（Trivandrum）是中轉站，是喀拉拉邦的首府。我的好朋友臺灣旅行社陳總建議我在這城市稍事休整，然後再遊潟湖。

特拉凡德倫雖有首府之名，卻沒有首府之實。我從機場到位於海灘的度假酒店途中，一路上只有崎嶇的鄉間小路，民房都是木頭搭建的矮房子，連三層樓高的平房都不多，更遑論高樓大廈了。

我下塌的度假酒店提供一條龍服務，除住宿外，還包括三天的休閒行程。酒店房間都是獨棟式

平房，面向阿拉伯海，視野開闊。我躺臥在屋外的吊床上，四周樹影婆娑，面前盡覽優美海景，處處瀰漫浪漫的氣氛，讓人備感舒適，徹底放鬆。

我沿著林間小徑，前往碼頭，乘坐遊艇暢遊潟湖區。岸邊茂盛的椰子樹密布，倒影在平靜如鏡的水面上，幾天來的悶熱暑氣一掃而光。遊艇駛出椰樹林，前面豁然開朗，是一條長長沙洲，外面是波濤洶湧的大海。我捨船登陸，踩在細緻白沙上，眺望一望無際的大海。面前白浪翻滾拍岸，身後是風平浪靜的潟湖，大自然實在太神奇了。我一時興起，將褲腳捲起，興奮地走進阿拉伯海裡。

若非突然天降微雨，我一定會在沙洲多加逗留，享受天海一線的絕美景色。潟湖中央有塊小岩石，天主教的聖母瑪利亞像和一個十字架豎立其中，印象中這是我來南印度第一次遇到的異教神像。祂朝向大海，像時刻保佑潟湖岸上的百姓。

酒店房間都是獨棟式平房，面向阿拉伯海，視野開闊

1：潟湖畔的遊船

2、3：潟湖邊的鸕鶿

4：瀉湖區水道平靜無波，兩岸是茂盛的椰子樹

沙洲的一面波濤洶湧，一面風平浪靜

阿拉伯海邊的漁村

導遊十分了解當地天氣，他說未來天氣將會變壞，有下雨的可能，所以把當天行程改動了一下，讓我先在漁村中漫步，瞭解當地漁民的生活。

戈沃勒姆（Kovalam）是當地最大的漁村，位於新月形的海邊。漁民剛結束一天的出海作業，正準備靠岸泊船，收拾漁具。原本寧靜的漁村聚集了回航的漁民，忙個不停，有修補漁網，有聚集聊天，也有販售魚獲的，並未搭理我這位外來客。一副悠然自得、與世無爭的樣子。

海灘盡頭有一新一舊兩座清真寺，面向大海而建，另一邊是燈塔海灘（Light House Beach），燈塔如巨人般屹立在山丘上，為往來的船隻服務。此時海面上海浪翻滾，捲起巨浪，仍然阻擋不住扶老攜幼的村民，在燈塔海灘上繼續嬉戲暢泳。

當天晚上，雷聲震耳，接著是傾盆大雨。我祈求老天放晴，讓我順利完成之後的旅程。然而一早起來，天氣繼續變壞。我在房裡看著戶外椰子樹被大風刮得東歪西倒，海面白浪滔天，面前的阿拉伯海有點「浩浩蕩蕩，橫無際涯」，海面上「陰風怒號，濁浪排空」之勢。

燈塔海灘海浪翻滾，
仍有不少扶老攜幼的村民來此戲水

此時房內電話響起，是酒店的溫馨提示，據氣象預報，六月的雨季已經來臨，通往機場的鄉間小路被水淹沒，隨時會封路，航班亦有延誤取消的可能。剩下尚未完成的南部行程，估計命運相同，建議我早作打算。

我馬上與旅行社陳總研究，最後做出極不願意的決定，腰斬行程，立即收拾行囊，趕赴機場，無奈地結束了南印度之旅。

漁民剛結束一天的出海作業，正準備靠岸泊船，收拾漁具

後記

二〇一七年，對我而言是極具紀念性的一年——我舉辦了首場個人攝影展。一直以來，我都以撰寫旅遊文章的方式，藉文字與照片圖像來記錄所見所聞。前一本博文集《夢迴長白：徜徉大東北》的付梓，使我心生將大陸東北地區的自然風光、生活風俗和人文景觀與更多人分享、期盼吸引更多人和我共同領略東北無窮魅力的想法，特別從近三十次遊歷東北拍攝的所有照片中精心挑選，以攝影展的方式呈現。我並非專業的攝影家，只是一個充滿分享熱忱的旅遊愛好者。非常感謝各方人士的鼎力協助，使得舉辦攝影展的想法最終能夠付諸實現。展覽陸續在伯爾尼（伯恩）、東京、悉尼（雪梨）、墨爾本、奧克蘭、巴黎、倫敦、瀋陽、西安、香港、北京、上海，還有台北等地舉辦，自二月初一直到十二月中，整整十個月馬不停蹄。儘管如此，我還是手不輟筆，《老玩童闖印度》的文稿就是在這樣的「兵荒馬亂」中努力抽出空檔寫完。

很高興能有這個機會與大家分享我和這個「奇妙」國度的接觸。自二〇一三年有幸參與一場盛大的印度婚禮後，許多熟識的朋友便鼓勵和敦促我絕對要將這段經歷寫出來，然而除了婚禮過程外，印度實在還有太多可以述說的，導致動筆起來一發不可收拾，字數屢屢超過原本的計畫，總算在截稿日前順利完成書稿，幸不辱命。

我要由衷的感謝幾位朋友在繁忙事務中撥空替這本書寫推薦序：

・前經濟部次長、前經建會副主委暨前駐瑞士、新加坡代表（大使）謝發達
・德國雷根斯堡大學經濟學博士水敏
・香港培僑中學校長伍煥杰
・香港雋陸公關有限公司董事、香港電台《管理新思維》主持李靜宜
・英國CEO of Hantec Markets Limited Nurmohamed Bashir

回想起來，我的印度旅遊也算是一波多折，幾次已經確定好行程，訂妥機票，卻因為臨時有事無法成行，行程中除了曾遭逢暴雨不得不中斷，更在酒店房內莫名其妙滑跤進了醫院。出門在外健康平安自是最重要的，所幸這些意外最終也都有驚無險，成了無數旅程中一抹特別的回憶。

接下來，我除了繼續走遍世界（目前已達一百二十六個國家）外，也將持續與各位朋友分享世界的不同角落，那些或許有點熟悉的地方，或者聞所未聞的新鮮事。

鄧予立

國家圖書館出版品預行編目資料

老玩童闖印度／鄧予立著. --初版.--臺中市：白象文化，2018.3
面；公分.——（鄧予立博文集；10）
ISBN 978-986-358-617-3（精裝）
1.遊記 2.印度
737.19 107000234

鄧予立博文集（10）

老玩童闖印度

作　　者　鄧予立
校　　對　鄧予立
專案主編　徐錦淳
出版經紀　吳適意、徐錦淳、林榮威、林孟侃、陳逸儒、黃麗穎
設計創意　張禮南、何佳諠
經銷推廣　李莉吟、莊博亞、劉育姍、李如玉
經紀企劃　張輝潭、洪怡欣
營運管理　黃姿虹、林金郎、曾千熏
發 行 人　張輝潭
出版發行　白象文化事業有限公司
402台中市南區美村路二段392號
出版、購書專線：（04）2265-2939
傳真：（04）2265-1171
印　　刷　基盛印刷工場
初版一刷　2018年3月
定　　價　399元